AF465894

RECHERCHES

SUR LES PROPRIÉTÉS PHYSIQUES

CHIMIQUES ET MÉDICINALES

DES

EAUX DE LUXEUIL

(HAUTE-SAÔNE).

PAR VICTOR REVILLOUT,

DOCTEUR EN MÉDECINE,

EX-INSPECTEUR DES ÉPIDÉMIES DE L'ARRONDISSEMENT D'ISSOUDUN (INDRE),

INSPECTEUR DES EAUX DE LUXEUIL.

> Mais ce champ ne se peut tellement moissonner
> Que les derniers venus n'y trouvent à glaner.
> (LA FONT., Liv. III, Fab. I.)

PARIS.

BÉCHET JEUNE, LIBRAIRE DE LA FACULTÉ DE MÉDECINE,

PLACE DE L'ÉCOLE DE MÉDECINE, 4.

MARS 1838.

RECHERCHES

SUR LES PROPRIÉTÉS PHYSIQUES

CHIMIQUES ET MÉDICINALES

DES

EAUX DE LUXEUIL

(HAUTE-SAÔNE).

PAR VICTOR REVILLOUT,

DOCTEUR EN MÉDECINE,

EX-INSPECTEUR DES ÉPIDÉMIES DE L'ARRONDISSEMENT D'ISSOUDUN (INDRE),

INSPECTEUR DES EAUX DE LUXEUIL.

Mais ce champ ne se peut tellement moissonner
Que les derniers venus n'y trouvent à glaner.
(LA FONT., Liv. III, Fab. I.)

PARIS.

BÉCHET JEUNE, LIBRAIRE DE LA FACULTÉ DE MÉDECINE,

PLACE DE L'ÉCOLE DE MÉDECINE, 4.

MARS 1838.

A M. AMÉDÉE THIERRY,

PRÉFET DU DÉPARTEMENT DE LA HAUTE-SAÔNE.

MONSIEUR LE PRÉFET,

NOMMÉ par le Gouvernement du Roi, et selon vos désirs, Inspecteur des eaux de Luxeuil, j'ai compris qu'une tâche m'était imposée. J'avais à combattre des préjugés funestes; j'avais à relever quelques ruines, et à prouver l'excellence de nos Thermes jadis si florissans. J'ai pris la plume; et, comme vous vous intéressez noblement aux travaux utiles, je vous dédie cet opuscule, que vous m'avez permis de publier sous vos auspices.

Il me semble d'ailleurs, Monsieur le Préfet, que vous êtes le protecteur naturel de toute cité gauloise ou romaine. Vous n'admettez pas, il est vrai, nos vieux titres; l'érudition moderne et notre petite vanité ne marchent pas d'accord; vous ne voulez pas que César se soit occupé de nous, et on y tient à Luxeuil. Un mot d'une inscription fameuse, un malheureux *reparavit* fait toute la querelle : un seul mot, est-ce la peine? Ah! laissez donc fléchir votre science, et qu'on puisse vous dire : « Quand vous avez construit pour les fastes de la nation cet » élégant péristyle qu'on nomme l'*Histoire* » *des Gaulois*, vous avez pris des engagemens avec les villes que vous avez fait » sortir de la poudre des siècles et avec » leurs contemporaines moins heureuses » que vous avez laissées dans l'oubli. Historien des Gaules et premier magistrat » du département, vous travaillerez à » rendre à nos Thermes leur célébrité » primitive. »

Je suis avec respect,

MONSIEUR LE PRÉFET,

Votre très-humble serviteur.

REVILLOUT.

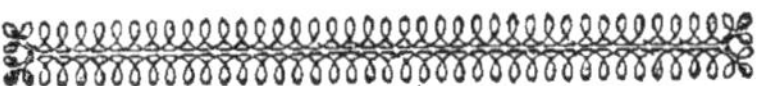

INTRODUCTION.

Les eaux minérales sont un des plus puissans moyens médicaux placés dans les mains d'un médecin habile. Leur influence sur les maladies chroniques est immense; mais, employées seules, elles n'ont qu'une certaine spécialité d'action qui tient à leur nature même.

Cependant presque tous les auteurs qui ont publié des traités sur les eaux près desquelles ils exerçaient, entraînés qu'ils étaient, sans doute, par le désir de les mettre en réputation, ont fini par les regarder comme une panacée universelle. Dans leur exaltation, ils ne se sont pas aperçus que les observations particulières qu'ils fournissaient témoignaient plus souvent de leur sagacité, de leur mérite médical, que du mérite de leurs eaux.

La part de l'action bienfaisante des eaux minérales sur le corps humain est assez large pour qu'elles n'aient pas besoin d'emprunter des secours étrangers. « Comment tant de peuples, » qui ont des opinions diverses, des préjugés » propres, des maximes opposées, des tempé» ramens différens, des manières de vivre con» traires, peuvent-ils n'avoir qu'une seule opi» nion sur l'emploi des eaux minérales? N'est-ce » pas une preuve irréfragable de leurs vertus » médicinales? » (Patiss., *Manuel des Eaux minérales.*)

Loin de moi, cependant, la pensée de laisser

croire que l'hygiène et les moyens accessoires fournis par la thérapeutique et la matière médicale ne doivent pas concourir à la guérison des malades envoyés aux eaux; leur coopération est, au contraire, souvent indispensable, et quelquefois même ils ont la plus grande part dans la guérison.

Mais, si nous entrons dans la pensée du Gouvernement, si nous voulons parvenir à avoir une bonne histoire des eaux minérales, si nous voulons, enfin, fixer le médecin-praticien sur ce point important de thérapeutique, il faut, par de bonnes analyses, par de fidèles observations faites par des esprits sages et de bonne foi, préciser l'action spéciale de chaque source thermale, et faire connaître, en même temps, la part d'action de tous les moyens accessoires.

Le savant docteur Bertrand, du Mont-d'Or, est le meilleur modèle à suivre en ce genre. Nul médecin n'a mieux vu, nul chimiste n'a mieux analysé, nul praticien n'a été plus habile. Plusieurs autres médecins près les établissemens thermaux ont suivi son exemple et marché sur ses traces avec plus ou moins de bonheur et de talent, et les propriétés de beaucoup d'eaux minérales ont été connues.

Celles de Luxeuil n'ont pas été aussi bien favorisées, malgré les divers travaux des Monnet, des Gastel, des Fabert, des Levrey, et de Vauquelin lui-même, malgré même ce qu'en ont écrit dernièrement MM. Michel (de St.-Loup), Aliès et Molin.

A défaut d'une bonne analyse, les divers traités généraux publiés sur les eaux minérales sont loin d'être d'accord sur les principes constitutifs de nos sources. Tous les regardent comme moins minérales que celles de Plombières, tandis qu'elles possèdent quatre fois autant de base.

Nommé à l'inspection des eaux thermo-minérales de Luxeuil, j'ai pensé qu'il était de mon devoir le plus pressant de remplir cette lacune d'une manière convenable : car je n'ignore pas que beaucoup de médecins qui envoient leurs malades aux eaux, sont déterminés dans leur choix par la considération des principes matériels que ces mêmes eaux contiennent, parce qu'ils pensent que connaître la composition chimique d'une eau minérale, c'est, pour ainsi dire, devancer l'expérience. D'autres médecins, au contraire, admettent en outre des principes matériels, un fluide spécifique qui deviendrait la cause principale des effets que ces eaux déterminent.

Pour répondre aux vœux de tous, j'ai cru devoir associer à mes recherches le savant et modeste chimiste M. Braconnot, de Nancy.

Son excellent travail, dans lequel il a compris l'analyse de nos onze sources, fera connaître leurs propriétés physiques et chimiques ; les observations que j'ai pu recueillir moi-même et l'expérience des médecins qui m'ont précédé en démontreront les propriétés médicales.

Heureux si nos efforts peuvent rendre à nos Thermes une partie de la célébrité dont ils jouissaient dans les temps les plus reculés !

CATALOGUE

DES OUVRAGES PUBLIÉS SUR LES EAUX MINÉRALES

DE LUXEUIL.

(Raulin, page 292.) Les eaux de Luxeuil contiennent un esprit clastique sthéré-minéral, du foie de soufre, du safran de mars en dissolution, un sel de nature du sel marin, et une terre calcaire.

Histoire du second royaume de Bourgogne, etc., par Dunod ; Dijon, Defay, 1737, in-4.° — Elles y sont représentées comme étant de la même qualité que celle qu'on attribue dans le même ouvrage aux eaux de Plombières, mais plus tempérées, et comme étant renommées contre la sciatique, le rhumatisme et les affections hystériques.

Traité historique des Eaux et Bains de Plombières, de Bourbonne, de Luxeuil et de Bains, par Dom CALMET; Nancy, Lejeune, 1748, in-8.° — L'auteur présente les eaux de Luxeuil comme facilitant l'excrétion des urines et de la transpiration, sans laisser aucune impression de chaleur, et comme utiles dans le rhumatisme, la faiblesse des articulations, les fistules, les vieux ulcères, les obstructions des viscères, les maladies de reins, les coliques d'estomac et d'entrailles, etc.

Lettre de M. MORAND *sur des antiquités trouvées à Luxeuil et sur les eaux thermales de cette ville.* (*Journal de Verdun*, mars 1756, page 197.) — Morand se borne à indiquer le degré de chaleur et de pesanteur de ces eaux.

Dissertation sur les Eaux de Luxeuil, par M. MORELLE; 1757, in-12.

Dissertation sur les eaux thermales de Luxeuil, par Timothée GASTEL; Besançon, Charmet, 1761, in-12. — L'auteur paraît avoir bien connu l'activité des différentes sources. Il cite, comme étant les plus actives, la source du Bain des Dames, dans laquelle on se baignait de son temps; la source du Grand-Bain et celle des Bénédictins. A l'époque où il écrivait, les bains à haute température étaient les plus employés, et on en obtenait des effets presque miraculeux.

Nouvelle Hydrologie, par Monnet; Paris, Adam et Didot, 1772, in-12. — On trouve dans le chapitre VI une courte notice des eaux de Luxeuil. Celles qui sont chaudes y sont présentées comme ne différant point de l'eau ordinaire, et la source ferrugineuse comme assez chargée de fer si peu phlogistique qu'il s'en sépare promptement à la moindre chaleur.

Observations sur les Eaux de Luxeuil, par M. Billard. (*Dict. min. et hydrol. de la France*, t. I.er, page 489.) — L'auteur dit que ces eaux contiennent dans leur principe une matière bitumineuse et une matière terrestre ou acide vitriolique, du sel neutre, du fer, du soufre et du bitume.

Essai historique sur les Eaux de Luxeuil, par

Fabert; Paris, Vincent, 1773, page 192. — Suivant l'auteur et M. Morel, ces eaux thermales contiennent un air très-élastique et abondant, des parties éthérées volatiles, du foie de soufre, du safran de mars en dissolution, un sel de la nature du sel marin, mêlé avec du spath, et une terre calcaire. D'après M. Fabert, l'eau de Luxeuil convient dans un grand nombre de maladies. On ne sait pourquoi il n'a donné aucune observation.

Description topographique et médicale des montagnes de la Vosge, par Didelot. (*Histoire de la Société royale de médecine*, tome II, page 10.) — Il parle seulement des bains et de la qualité sensible des eaux.

Catalogue raisonné des Ouvrages qui ont été publiés sur les Eaux minérales, etc., par Carrière, etc. — L'auteur, après avoir rappelé le nom de tous les ouvrages publiés sur les eaux de Luxeuil, donne leur degré de chaleur, d'après l'abbé Tessier. La température des sources, suivant lui, varie de 19 à 35°. La température de l'atmosphère étant à 18°, Tessier n'a pu prendre que le degré de chaleur des bassins, et non celui des sources, puisqu'il est de 30 à 56° centigrades.

Dissertation sur l'emploi des Eaux minérales de Plombières et de Luxeuil dans le traitement de quelques affections chroniques, par MICHEL, de St.-Loup; 1823. — L'auteur, tout en admettant une complète analogie de principes et d'effets entre les eaux de ces deux établissemens, ne s'occupe, pour ainsi dire, sans qu'on puisse dire pourquoi, que de celles de Plombières.

MM. Alibert, Bouillon La Grange, Patissier, Orfila et Guersent ont aussi parlé des eaux de Luxeuil, mais toujours d'après les auteurs que je viens de citer. MM. Fodéré et Longchamps se sont occupés de leur analyse, mais leurs travaux ne sont pas connus.

M. Aliès, dans sa courte inspection, a publié un petit traité sur les eaux de Luxeuil. Il cite leur analyse faite par M. Levrey, analyse qui a une très-grande analogie avec celle de Vauquelin sur les eaux du Grand-Bain. Cette dernière analyse est rapportée par M. Molin dans sa notice sur les eaux de Luxeuil.

Il est résulté de tous ces travaux un trouble, un désordre, une confusion, suite inévitable de contradictions multipliées et de préventions.

LUXEUIL.

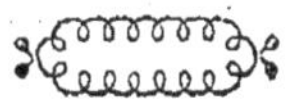

L'ORIGINE de Luxeuil est ensevelie dans la nuit des temps. Son nom celtique, sa situation près de vastes forêts de chênes, les ruines multipliées d'édifices gaulois éparses dans ses environs, les médailles romaines et gallo-celtiques en or, en argent, en grand et petit bronze, mais surtout l'inscription trouvée le 15 juillet 1715 derrière le Bain-Neuf, sont des preuves authentiques de son origine, des monumens plus certains de son antiquité. Voici cette inscription, telle qu'on la conserve dans l'Hôtel-de-Ville :

LIXOVII THERM.
REPARAVIT LABIENUS
JUSS. C. JUL. CÆS.
IMP.

Cette inscription, conforme au texte du Commentaire du conquérant des Gaules, qui nous apprend qu'en effet Labiénus obtint le commandement des quartiers d'hiver accordés aux troupes romaines fatiguées d'une campagne longue et pénible contre Arioviste, nous atteste bien que ce lieutenant de César ne fut que le restaurateur des thermes de Luxeuil, qui, plus anciens, exigeaient sans doute des réparations, et qu'ainsi, bien longtemps avant l'ère vulgaire, l'efficacité de ses eaux était reconnue par les Gaulois, puisqu'ils y avaient établi des constructions, quoiqu'ils fussent peu curieux de bains et d'eaux minérales.

Une fois que les Romains faisaient peser le joug sur les nations vaincues, ils y portaient leur goût national de grandeur et de magnificence dans les monumens consacrés à la vie publique. Ils se jouaient des obstacles ; l'art chez eux triomphait de tout; et ces restes étonnans que nous admirons encore aujourd'hui sont bien faits pour confondre l'imagination. Dans l'emplacement ou aux environs des thermes de Luxeuil, on découvre tous les jours des restes précieux qui portent éminemment le type du génie des Romains. On a déjà exhumé, à différentes époques, cinq belles salles de bains pavées d'albâtre et voûtées en tuf. Luxeuil avait aussi ses gymnases. Non loin des thermes, et sur une étendue de plus de 400 mètres, régnait un long péristyle, dont les bases des colonnes subsistent encore sous le pavé, à l'extrémité méridionale du faubourg des Romains; une très-grande partie de l'ouvrage souterrain des bains est encore de construction romaine.

On ne pratique pas une seule fouille sur le terrain qu'occupait l'ancienne ville sans exhumer des médailles, des tombeaux, des débris de chapiteaux, de colonnes, etc. etc.

La ville formait alors une ellipse de plus de 1200 mètres de longueur; les thermes en occupaient le centre. *Ibi Luxovii aquæ calidæ eximiè constructæ cultu habebantur.* (JONAS, *Vie de S. Colomban.*) (1)

« La chûte de l'empire romain entraîna la ruine » de ces édifices précieux; alors les sources miné- » rales furent délaissées. Les chrétiens, fixant ces » objets du côté de la mondanité, et jugeant » qu'ils appartenaient aux rêveries du paganisme, » les trouvèrent déplacées. Ils se concentraient » dans leur ménage, et s'occupaient peu de la » propreté et de la santé du corps; ils ne pen- » saient qu'à celle de l'âme. Les valétudinaires » allaient ensevelir leurs infirmités dans des mai- » sons religieuses, devenues l'objet principal des » sensations dans ces siècles. » (BORDEU.)

Luxeuil subit plus qu'aucune autre localité le fâcheux résultat de l'indifférence, de l'antipathie des premiers chrétiens pour les bains. Ce fut environ un siècle après la destruction de cette ville par Attila que l'Irlandais S. Colomban vint fonder sur ses ruines un monastère fameux. La première pensée du cénobite fut de faire disparaître, son premier acte fut de détruire tout ce qui pouvait rappeler le paganisme. Il enjoignit à ses disciples,

(1) Voyez aussi Dom GRAPIN, l'abbé GRANDMASSON, MARC et FROISSARD.

à ses successeurs, de continuer son pieux vandalisme; et bientôt tout ce qui avait pu échapper à la destruction des Barbares fut anéanti; bientôt les thermes eux-mêmes ne furent plus qu'un étang marécageux, foyer incessant de fièvres intermittentes et de maladies pestilentielles. Alors, pour éviter les miasmes, la ville nouvelle s'établit, se groupa autour du monastère, et au sud des marais; et cette circonstance même devint plus tard un obstacle à la fréquentation des thermes, lorsqu'ils se relevèrent de leurs ruines, en 1768, aux frais de la ville, ainsi que l'indique l'inscription latine placée sur le frontispice, et rapportée par tous les auteurs qui ont écrit sur les eaux de Luxeuil.

LUXEUIL MODERNE.

La ville moderne n'a aucun point de ressemblance avec l'ancienne. Loin de présenter une ellipse comme elle, sa forme est longitudinale. Elle n'est composée, pour ainsi dire, que d'une seule grande rue, qui s'étend depuis le pont de St.-Sauveur jusqu'au quartier des bains.

Sa position est délicieuse. Adossée, au nord, au pied des montagnes des Vosges, elle est située dans une plaine longue et fertile, arrosée par deux rivières rapides, qui descendent des montagnes et roulent sur un lit de cailloux. Une suite de collines rompues par une vallée occupe la partie du nord-ouest. Dernière ville du département de la Haute-Saône, et à peu de distance de Besançon, de Vesoul et d'Epinal, elle est traversée par cinq routes qui rendent ses abords et ses communications très-faciles. Sa population est d'environ quatre mille âmes.

L'administration actuelle a remplacé les sources qui, des bois environnans, venaient alimenter les fontaines de la ville, par les eaux délicieuses du Breuchin, cette rivière que la voluptueuse vénération des Romains avaient mise au rang des divinités *secourables*.

Les maisons qui la composent sont bâties solidement. On y trouve cependant quelques bâtimens très-remarquables, et que les pinceaux des Taylor et de plusieurs peintres distingués se sont complus à représenter. On cite entre autres l'hôtel-de-ville, le cloître des ci-devant Bénédictins, qui maintenant est occupé par le meilleur petit séminaire du diocèse de Besançon, le collége, et la maison du cardinal Jouffroy, qui aujourd'hui reçoit des baigneurs.

Le quartier le plus rapproché des bains, dit la Corvée ou Faubourg des Romains, est en possession de loger les étrangers. Les maisons de cette partie de la ville sont considérées comme autant d'hôtels garnis où règne la plus grande propreté, et dans le plus grand nombre desquels on trouve aussi la nourriture. Les baigneurs qui ne sont pas nourris dans leur logement peuvent se faire servir par plusieurs restaurateurs, et surtout par les deux beaux hôtels du *Lion-d'Or* et du *Lion-Vert*. C'est auquel mettra plus de luxe et de *confortabilité* dans tout son service.

Si les habitans de Luxeuil eussent mieux connu leurs intérêts, depuis longtemps la ville eût changé de face, et le concours des baigneurs y serait maintenant aussi considérable que dans les établissemens les mieux favorisés. Mais, au lieu d'établir quelques beaux hôtels, où l'on aurait trouvé tous les agrémens et les commodités désirables, ils ont laissé décrier leurs logemens, et n'ont rien fait pour entretenir ceux qui pouvaient exister. Bientôt, grâce à cette manière de voir, leurs eaux n'ont plus été fréquentées que par les malades du voisinage. Les personnes riches n'y ont plus été attirées par la certitude d'y rencontrer toutes ces commodités de la vie qui sont devenues pour elles un besoin, et une très-grande source de prospérité leur a manqué par leur faute. Il n'en est plus de même aujourd'hui : tout le monde rivalise d'ardeur, et bientôt une nouvelle ère s'ouvrira pour cette ville, si riche en souvenirs, si belle par le sol qui l'entoure.

En effet la nature a paré ce pays de ses dons les plus agréables. Au midi, une vaste plaine arrosée par deux rivières qui en font un jardin délicieux; au nord, les montagnes des Vosges couronnées par ces belles forêts si bien percées pour la promenade; au levant, le site si varié et si pittoresque de Faucogney et de ses environs; à l'ouest, encore des forêts, et tout ce beau pays parsemé de nombreux villages, de manufactures de toute sorte, et de vestiges d'anciens monumens. Ici se trouve une maison de Templiers, là la grotte de S. Valbert, dans un autre point on aperçoit çà et là les restes historiques de châteaux féodaux; car une succession de destructions couvrit ce pays de ruines et de malheurs, depuis la chûte des Romains jusqu'à sa réunion à la France. Tout invite à la promenade dans ces beaux lieux. La plaine, les bois, les montagnes, tout s'y trouve réuni. Les curieux, les antiquaires y trouveront aussi de quoi satisfaire amplement leur goût dominant.

Les cabinets de M. Fabert et de l'inspecteur actuel renferment la plus grande partie des objets antiques exhumés du sol de l'ancienne ville.

Bains.

A l'extrémité-nord de la ville et au pied des montagnes sont situés les bains thermaux et les sources d'eaux minérales. Le bâtiment qui les renferme est un des plus beaux édifices thermaux de France; il est conçu sur le plan le plus vaste et le plus imposant ; l'architecture en est noble et sévère. On y admire une rangée d'arcades, formant un vaste péristyle sur la façade et l'aile latérale du bâtiment. Une cour spacieuse, de beaux jardins pittoresques, de magnifiques allées l'enveloppent de toutes parts. Il n'existe pas de localité plus avantageuse pour un grand établissement thermal. Les eaux y sont abondantes à un tel point, qu'il ne s'agirait que de fouiller un peu le sol pour en faire jaillir de nouvelles sources. Le produit des sources thermales est de plus de 300 mètres cubes par 24 heures. Il serait très-facile de l'augmenter encore.

L'établissement possède onze sources d'eau thermale, ayant chacune des degrés d'action différens, comme on peut le voir par l'analyse de M. Braconnot. Ces différentes sources et notre précieuse eau ferrugineuse alcaline peuvent satisfaire à tout ce que l'on peut attendre des sources d'eaux salines thermales.

Depuis quelque temps, d'après l'indication fournie par les traités généraux, les médecins n'envoyaient leurs malades à Luxeuil que pour les préparer à des eaux plus actives, ou conseillaient nos eaux seulement comme moyen sédatif.

La publication de leur analyse démontrera qu'elles réunissent l'activité à la sédation, ainsi que l'avaient déjà dit les anciens médecins qui les avaient employées.

Toutes les sources sont placées dans des salles particulières, qui sont celles des Bénédictins, des Dames, des Fleurs, du Bain-Gradué, du Grand-Bain, du Bain des Cuvettes, du Bain-Nouveau et du Bain des Capucins.

Bain des Bénédictins.

(Sources : 40 et 45° centigrades.)

Ce bassin est placé dans une belle salle; sa forme est circulaire; son diamètre est de 3 mètres 89 centimètres; sa profondeur est de 7 décimètres; sa capacité est de 4 mètres cubes. Deux sources l'alimentent et le tiennent à une température de 34 à 35 degrés centigrades. Cette salle contient de vastes et beaux vestiaires.

Bain des Dames.

(Source : 47° centig.)

Le Bain des Dames est placé dans une salle très-élevée; son bassin est alimenté par la source la plus abondante de l'établissement; sa capacité est la même que celle du bassin des Bénédictins; sa température est de 40 à 41° centigrades. Il existe aussi dans cette salle de beaux vestiaires et des cabinets de douches descendantes.

Bain des Fleurs.

Le Bain des Fleurs est composé de huit cabinets, qui contiennent onze baignoires. L'eau qui les alimente vient de la source du Bain des Dames.

Toute cette partie est destinée à devenir sous peu la plus élégante, la plus somptueuse de l'établissement, d'après les dessins de M. Monier, architecte de la ville.

Bain-Gradué.

Le Bain-Gradué est placé dans une salle de la plus noble architecture; le milieu de la salle est occupé par un bassin ayant quatre compartimens, recevant chacun de l'eau d'une température différente, depuis 31 à 37 degrés centigrades. Cette salle a dans son pourtour douze cabinets garnis de baignoires, et aux quatre côtés de vastes vestiaires à cheminée. Deux cabinets, les numéros 7 et 9, sont destinés spécialement au service des dames.

Grand-Bain.

(55—56° cent.)

Le bassin du Grand-Bain est couvert par des dalles. L'eau qui l'alimente vient de deux sources, l'une à 55, l'autre à 56° centigrades. Ces deux sources sont excessivement abondantes et fournissent cinquante mille litres par vingt-quatre heures; l'eau en est montée dans des bassins supérieurs au moyen d'une machine hydraulique, et se rend dans les appareils à douches et dans les baignoires des cabinets qui sont disposés autour de cette jolie salle.

Immédiatement au-dessus de ces deux sources sont placés deux appareils pour les bains de vapeur.

Bain des Cuvettes.

(45° centig.)

Le bassin des Cuvettes, recouvert aussi par des dalles, est alimenté par deux sources dont la température est de 45° centigrades, qui le remplissent en treize heures. Il peut contenir vingt mille litres d'eau qui est destinée à servir d'eau froide, et qui est aussi employée avec beaucoup d'avantage pour les injections intestinales. Sa réputation était même si grande à ce sujet, qu'elle a servi pendant longtemps aux baigneurs des établissemens voisins. Il n'y a que fort peu d'années que les médecins de ces établissemens ont trouvé le moyen de la remplacer.

Bain-Nouveau.

Derrière le Bain des Cuvettes on doit construire une fort jolie salle, de chaque côté de laquelle on placera huit cabinets contenant des appareils à douche et des baignoires en cuivre rosette. L'eau qui alimentera ces cabinets viendra du mélange de la source chaude du Grand-Bain avec l'eau ferrugineuse alcaline.

Bain des Capucins.

(41° centig.)

Le Bain des Capucins est dans une fort jolie salle et se compose d'un bassin ovale pouvant contenir vingt personnes. Ce bassin est alimenté par une source très-abondante, puisqu'elle le remplit dans deux heures; sa température est de 37° centigrades; huit baignoires sont aussi placées autour de la salle et reçoivent la même eau que le nouveau bain.

Derrière les bains et près du Bain-Nouveau se trouve la source ferrugineuse-saline-alcaline; sa température est de 18° centigrades; son produit actuel est de cinq mille litres par vingt-quatre heures, mais les travaux que l'on va faire pour l'encaisser la rendront beaucoup plus abondante; peut-être aussi l'aurons-nous alors à une température assez élevée pour la faire prendre en bains sans la mélanger avec l'eau thermale.

Fontaine savonneuse.

Cette fontaine, qui se trouve aussi derrière les bains, contient les mêmes principes que l'eau thermale, mais à une bien moins grande proportion. Sa température est de 30 degrés centigrades.

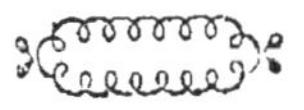

ANALYSE COMPARATIVE

DES ONZE SOURCES MINÉRALES ET THERMALES DE LUXEUIL,

PAR HENRI BRACONNOT,

Correspondant de l'Institut.

Les eaux minérales de Luxeuil, déjà connues des Romains, ont joui d'un grand crédit bien avant que celles de Plombières fussent en réputation. Leur analyse laissait encore beaucoup à désirer, malgré les recherches dont elles ont été l'objet à diverses époques. Pierson paraît être le premier qui, en l'an VIII, entrevit leur véritable constitution; il y reconnut la présence du carbonate de soude, un peu de magnésie, de la terre calcaire et de la silice.

Vauquelin analysa ensuite l'eau du Grand-

Bain (1). Enfin, récemment, M. Longchamp a fait connaître les résultats qu'il obtint en 1823 de l'eau de la source ferrugineuse (2). Le maire de Luxeuil, M. Desgranges, et l'inspecteur, M. le docteur Revillout, désirant connaître l'analyse comparative des onze sources de cet établissement, m'ont chargé de ce long travail, auquel je me suis livré en suivant les procédés les plus exacts que la science possède aujourd'hui.

I.

Analyse de la source chaude du Bain-Gradué.

D'après les observations du docteur Revillout, la température de cette source est de 45° centigrades. Refroidie à 10° + 0, cette eau est agréable à boire, légère et presque insipide. Elle a déposé dans chaque bouteille qui la renfermait une très-petite quantité d'un sédiment grummelé et muqueux, d'un blanc fauve, qui a été mis à part pour l'examiner. Nous y reviendrons.

EXAMEN PAR LES RÉACTIFS.

Cette eau, essayée par les réactifs, s'est comportée de la manière suivante :

(1) Journal universel des Sciences médicales, XV—523.

(2) Annales de Chimie et de Physique, LXII—158.

Eau de Chaux. Peu de changement au moment du mélange. Quelque temps après, la liqueur prend un aspect louche, et il se rassemble, avec le temps, un léger précipité blanc floconneux, que l'analyse a fait connaître pour un mélange de carbonate de chaux et de magnésie.

Chlorure de baryum. Trouble léger, puis léger précipité insoluble dans l'acide hydrochlorique, qui indique la présence d'un sulfate.

Nitrate d'argent. Précipité assez abondant, qui annonce un chlorure. La liqueur superstagnante ne s'est nullement colorée à la lumière au bout de plusieurs jours; tandis que M. Amé Jacquot a fait voir que le même réactif produit dans l'eau des sources de Plombières une couleur d'un beau rose, qui prend une teinte canelle et passe ensuite au brun, ce qui est manifestement dû à la matière animale. Nous verrons pourtant que les eaux de Luxeuil contiennent aussi une matière animale; et, si elles ne produisent pas la réaction dont parle M. Jacquot, cela tient vraisemblablement à la plus grande quantité de chlorure d'argent produit, et qui, dans cette dernière circonstance, entraîne dans sa précipitation toute la matière animale contenue dans l'eau de Luxeuil. Au reste, le chlorure d'or n'indique point non plus dans celle-ci la présence de la matière animale.

Teinture de Fernambouc. Point de changement; mais, lorsque l'eau dont il s'agit a préalablement été soumise à l'ébullition, elle perd un peu d'acide carbonique, et produit alors avec le réactif précité une couleur d'un beau rouge, qui dénote la présence d'un carbonate alcalin.

Tournesol. Un papier rougi par le tournesol, plongé pendant quelque temps dans cette eau, y contracte aussi une légère couleur bleue.

Acide gallique. Point de changement au moment du mélange. Vingt-quatre heures après, le liquide, sans perdre sa transparence, prend une couleur d'un vert bleuâtre, qui devient plus foncé avec le temps. Cette réaction ne doit point être attribuée à un sel de fer, mais bien au carbonate alcalin contenu dans cette eau.

Carbonate de potasse. Léger trouble et précipité.

Ammoniaque. Rien d'apparent au moment du mélange avec cette eau renfermée dans un flacon bouché, mais vingt-quatre heures après le vase est tapissé de très-petits cristaux solubles, avec effervescence dans l'acide nitrique et ayant toutes les propriétés du carbonate de chaux.

ANALYSE QUANTITATIVE.

A. Quatre litres d'eau de la source chaude du Bain-Gradué ont été évaporés à une douce chaleur dans une capsule de porcelaine, couverte d'un papier sans colle, afin que la poussière ne puisse pas y tomber. Le résidu de cette évaporation, réduit à un petit volume de liquide, a été transporté avec tous les soins possibles dans un creuset de platine, et j'ai continué l'évaporation jusqu'au point où il s'est formé, à la surface du liquide, des pellicules siliceuses, et que le liquide fût sur le point de cristalliser; alors j'ai séparé par un filtre, pesé d'avance, les portions insolubles de celles qui ne l'étaient pas. Celles-ci, suffisamment lavées avec de l'eau distillée et séchées fortement, pesaient 0,70 grammes.

B. Le liquide filtré, réuni aux eaux de lavage de la portion insoluble, a été évaporé dans un creuset de platine et fortement desséché. Ce résidu pesait 3,680 grammes. Exposé à une chaleur rouge, il a répandu une odeur de corne brûlée en prenant une couleur noirâtre dans quelques points, et s'est réduit au poids de 3,668 grammes, ce qui indique 0,012 grammes pour la matière animale retenue en dissolution dans les quatre litres de cette eau.

C. Le résidu salin B a été traité par l'eau; la dissolution était troublée par un léger sédiment floconneux brunâtre, lequel, séparé par le filtre, desséché et calciné, pesait 0,01 gramme; cette matière était de la silice retenant des traces de magnésie.

D. La liqueur séparée du sédiment C, essayée par du papier rouge de tournesol, était manifestement alcaline; cependant, l'ayant saturée avec de l'acide acétique, il ne s'est pas sensiblement produit d'effervescence. Elle a été évaporée à siccité dans l'intention d'y rechercher un peu de silice; mais la masse saline, redissoute dans l'eau, n'a laissé que des traces presque insignifiantes de cette terre.

E. La dissolution saline D a été employée à la recherche du chlorure de potassium, et à cet effet, j'y ai versé une certaine quantité de chlorure de platine, qui a donné naissance à un précipité jaune; j'ai évaporé le mélange presque jusqu'à sec, et traité le résidu par l'alcool; le chlorure platinico-potassique, ainsi obtenu et desséché, pesait 0,287 grammes, qui contiennent 0,04024 grammes de potasse, laquelle équivaut à 0,0956 grammes de chlorure de potassium.

F. Ayant reconnu que dans cette eau le chlorure de potassium était associé au chlorure de sodium, au sulfate de soude, et au carbonate de soude, il s'agissait de déterminer les quantités respectives de ces derniers; en conséquence, pour doser le chlorure de sodium, j'ai pris un litre de la même eau, j'y ai ajouté un excès d'acide nitrique, après quoi j'y ai versé du nitrate d'argent; lorsqu'au bout de deux ou trois jours le chlorure d'argent était bien rassemblé, je l'ai recueilli sur un filtre préalablement pesé et avec l'attention de le laver avec de l'eau acidulée par l'acide nitrique, je l'ai desséché ensuite avec précaution sur le filtre, puis je l'ai introduit dans un petit creuset de porcelaine taré, en y réunissant ce que je n'avais pu détacher du filtre que j'ai inciné au chalumeau sur une lame de platine; de cette manière, connaissant la quantité de cendres que le filtre pouvait fournir, j'ai pu déterminer le poids du chlorure d'argent : chauffé fortement, il pesait 1,811 grammes, qui contiennent 0,4469 de chlore équivalant à 0,7292 grammes de chlorure de sodium, ou, en défalquant le chlorure de potassium déjà obtenu, à 0,7053 grammes, d'où il résulte que quatre litres de l'eau dont il s'agit contiennent 2,8212 grammes de sel commun.

G. Pour doser le sulfate de soude, j'ai pris quatre litres de cette eau, que j'ai acidulée avec excès d'acide acétique, puis j'ai versé dans le mélange une dissolution de chlorure de baryum, qui y a formé un précipité de sulfate barytique, lequel, lavé et chauffé au rouge, pesait 0,94 grammes, qui contiennent 0,324 grammes d'acide sulfurique, correspondant à 0,5767 grammes de sulfate de soude.

H. D'après ce qui précède, il résulte que les quatre litres de l'eau que nous examinons contiennent E 0,0956 grammes de chlorure de potassium, F 2,8212 grammes de chlorure de sodium, et G 0,5767 grammes de sulfate de soude. Si on soustrait la somme de ces trois sels, c'est-à-dire 3,4935 grammes des 3,668 grammes des sels solubles que nous avons obtenus B, il restera 0,1745 grammes pour le carbonate de soude contenu dans quatre litres de la même eau.

Examen du résidu terreux insoluble dans l'eau, provenant de l'évaporation des quatre litres de l'eau de la source chaude du Bain-Gradué.

I. Nous avons vu A que ce résidu pesait 0,70 grammes. Il a été mis dans une capsule de platine et arrosé avec de l'acide nitrique, dans lequel il s'est dissous en partie avec effervescence. J'ai desséché le tout, et, après l'avoir humecté avec de l'acide nitrique, j'ai chauffé la masse avec de l'eau pure. Il est resté un résidu blanchâtre insoluble, lequel, bien lavé, desséché et chauffé au rouge, pesait 0,3120 grammes : c'était de la silice.

J. Dans la dissolution nitrique I, séparée de la silice, j'ai versé de l'ammoniaque; il s'est rassemblé, avec le temps, un petit précipité jaunâtre, lequel, après sa dessiccation, pesait 0,008 gram. Il contenait des traces d'oxide de manganèse : car, fondu au chalumeau avec du carbonate de soude, le mélange a pris une couleur verte. Le même précipité a été chauffé avec une dissolution de potasse caustique; il est resté de l'oxide de fer insoluble; tandis que la liqueur alcaline, saturée par de l'acide nitrique, a produit avec le carbonate d'ammoniaque un léger précipité blanc gélatineux, qui devint jaunâtre et demi-transparent après sa dessiccation. Chauffé au chalumeau avec du nitrate de cobalt, il a pris une couleur bleue foncée, d'où il résulte qu'il n'était autre chose que de l'alumine.

K. Dans la dissolution I ainsi privée par l'ammoniaque de l'alumine, de l'oxide de fer et de l'oxide de manganèse, j'ai versé une dissolution d'oxalate d'ammoniaque, qui a donné naissance à un précipité d'oxalate de chaux; celui-ci, recueilli sur un filtre dont le poids de la cendre était connu, a été desséché, calciné, puis humecté avec du carbonate d'ammoniaque, et chauffé encore jusqu'au rouge sombre: c'était du carbonate de chaux; son poids était de 0,232 grammes. Ce sel ne contenait point de stroutiane: car, après l'avoir dissous dans l'acide nitrique, et évaporé la liqueur jusqu'à sec, le résidu s'est entièrement dissous dans l'alcool absolu.

L. La liqueur K, séparée de l'oxalate de chaux, a été évaporée à siccité, puis j'ai chauffé le résidu jusqu'au rouge : il est resté 0,096 grammes de magnésie. Cette terre retenait des traces de carbonate de soude, comme je m'en suis assuré par le lavage avec un peu d'eau, ce qui provient, sans doute, de ce qu'une partie de la soude contenue dans l'eau a été retenue pendant l'évaporation par la silice et la magnésie pour former une combinaison insoluble, que l'acide nitrique décompose.

Il résulte de cette analyse que l'eau de la source du Bain-Gradué est composée de :

	P.r quatre litres.		P.r un litre.
	Gram.		*Gram.*
1.° Chlorure de sodium...	2, 8242	—	0, 7053
2.° Chlorure de potassium.	0, 0956	—	0, 0239
3.° Sulfate de soude......	0, 5767	—	0, 1442
4.° Carbonate de soude....	0, 1745	—	0, 0436
5.° Carbonate de chaux...	0, 2320	—	0, 0580
6.° Magnésie............	0, 0960	—	0, 0240
7.° Silice...............	0, 3220	—	0, 0805
8.° Alumine.......... / 9.° Oxide de fer........ / 10.° Oxide de manganèse..	0, 0080	—	0, 0020
11.° Matière animale......	0, 0120	—	0, 0030
Total........	4, 3380	Total.	1, 0845

Examen du sédiment retenu en suspension dans l'eau de la source chaude du Bain-Gradué et déposé au fond des bouteilles.

Cette production, d'apparence muqueuse, est d'un blanc fauve dans son état récent. Immergée dans un peu d'eau, elle se présente sous la forme de petits grumeaux souvent ramifiés, à la manière de certaines espèces de la famille des algues, et, comme celles-ci, elle perd son aspect muqueux par la dessiccation, et le recouvre par l'humectation. Examinée au microscope, cette matière muqueuse paraît entièrement pénétrée d'une multitude innombrable de globules immobiles ayant la plus parfaite transparence, et que j'avais cru de nature organique et appartenant essentiellement à la matière muqueuse; mais je n'ai pas tardé à me convaincre de mon erreur, comme on va le voir. Au surplus, on remarquait aussi plusieurs autres globules transparens doués d'un mouvement rapide autour de la production muqueuse dont il s'agit : c'était des infusoires, particulièrement des paramecïes et des navicules. Distillée dans une petite cornue de verre, elle a donné une huile empyreumatique et un produit aqueux ammoniacal qui rappelait fortement au bleu le papier rougi par le tournesol.

0,31 grammes de cette matière muqueuse bien égouttée sur un filtre se sont réduits par la dessiccation à 0,04 grammes d'un résidu d'un blanc sale, d'un aspect terreux parsemé de points brillans dus à des lamelles de mica. Ces 0,04 grammes, chauffés au rouge dans une capsule d'argent, n'ont point taché ce métal, d'où il semblerait que la matière animale qui en fait partie ne contient point de soufre. Il est résulté de cette calcination une substance terreuse rougeâtre du poids de 0,03 grammes, d'où il suit que les 0,31 grammes de la production muqueuse bien égouttée ne contient que 0,01 gramme de matière organique pure.

Les 0,03 grammes de la substance terreuse rougeâtre, mis en contact avec l'acide hydrochlorique, n'ont point sensiblement produit d'effervescence; mais, à l'aide d'une douce chaleur, il s'est dégagé du chlore, très-reconnaissable à son odeur et à la décoloration complète qu'il a produit sur une bandelette de papier de tournesol. Cependant l'acide hydrochlorique ne s'est chargé que d'une petite quantité de matière. La dissolution d'une couleur jaune paraissait contenir de l'oxide de manganèse et de l'oxide de fer : y ayant versé de l'ammoniaque, ce réactif y a formé un léger précipité jaunâtre gélatineux, qui a été redissous dans l'acide hydrochlorique; j'ai saturé cette dissolution avec du sel ammoniaque, et j'y ai versé du prussiate de potasse pour en séparer le fer et l'oxide de manganèse, que j'ai d'ailleurs reconnu au chalumeau par le moyen de la soude. Dans la liqueur filtrée, j'ai versé de l'ammoniaque, qui y a formé un léger précipité d'alumine gélatineuse. La même liqueur, séparée de celui-ci, a donné, avec l'oxalate d'ammoniaque, quelques indices de la présence de la chaux. On voit donc que la petite quantité de matière soluble enlevée par l'acide hydrochlorique aux 0,03 grammes de la substance terreuse rougeâtre était formée d'oxide de fer, d'oxide de manganèse, d'alumine et d'une petite quantité de chaux. La portion insoluble dans le même acide était beaucoup plus considérable. Examinée au microscope, elle laissait apercevoir des lamelles de mica et une multitude innombrable de globules transparens incolores, qui n'était autre chose que du quartz roulé microscopique, que l'on aperçoit aussi dans la substance muqueuse non desséchée, et que j'avais cru être des globules organisés. Ce quartz formait donc en grande partie la masse de la même substance muqueuse desséchée. On pense assez généralement que cette matière animale est produite uniquement par des réactions chimiques, et on lui a donné les noms de Glairine, Barégine, Plombiérine, Zoogène, substance pseudo-organique, matière bitumineuse; pour moi, qui suis persuadé que cette production est le résultat de l'organisme, je pense que, lorsqu'elle sera mieux connue, elle pourra constituer un ou plusieurs genres plus ou moins analogues à ceux qui ne croissent aussi nulle autre part que dans les thermes, comme plusieurs espèces d'ossillaires ou de tremelles, qui sont aussi douces ou glaireuses au toucher. A la vérité ces dernières sont ordinairement d'un beau vert, ce qui ne peut être dû qu'au contact immédiat de la lumière; tandis que la production animalisée qui se développe à l'obscurité dans les thermes de Luxeuil doit nécessairement être privée de cette couleur.

II.

Analyse de l'eau du Bain des Bénédictins.

La température de ce bain, prise par M. le docteur Revillout, a été trouvée de 45° centigrades. Son analyse, faite suivant les procédés ci-dessus indiqués, m'a donné par litre :

	Gram.
1.° Chlorure de sodium.......	0, 7564
2.° Chlorure de potassium.....	0, 0200
3.° Sulfate de soude..........	0, 1499
4.° Carbonate de soude.......	0, 0457
5.° Carbonate de chaux.......	0, 0785
6.° Magnésie..............	0, 0031
7.° Silice.................	0, 0751
8.° Alumine............... } 9.° Oxide de fer............ } 10.° Oxide de manganèse..... }	0, 0034
11.° Matière animale..........	0, 0028
TOTAL.............	1, 1349

III.

Analyse de l'eau du Grand-Bain.

L'une des sources, d'après les observations de M. Revillout, est de 55° centigrades, l'autre de 56° centigrades. Cette eau a été analysée il y a longtemps par Vauquelin; elle lui a fourni par litre :

	Gram.
1.° Chlorure de sodium mêlé d'un peu de sulfate	0, 990
2.° Carbonate de soude	0, 030
3.° Carbonate de chaux mêlé d'un peu de magnésie	0, 090
4.° Silice	0, 060
5.° Matière bitumineuse végétale (quantité indéterminée)	0, 000
TOTAL	1, 170

Une même quantité de cette eau, d'après mon analyse, faite en suivant la marche déjà indiquée, doit contenir :

	Gram.
1.° Chlorure de sodium	0, 7471
2.° Chlorure de potassium	0, 0239
3.° Sulfate de soude	0, 1468
4.° Carbonate de soude	0, 0355
5.° Carbonate de chaux	0, 0850
6.° Magnésie	0, 0030
7.° Silice	0, 0659
8.° Alumine 9.° Oxide de fer 10.° Oxide de manganèse	0, 0033
11.° Matière animale	0, 0025
TOTAL	1, 1130

D'après la quantité plus forte de chlorure de sodium indiquée dans l'analyse de Vauquelin, j'avais supposé qu'il y avait pu avoir erreur de ma part dans la détermination du poids de ce sel; mais, ayant recherché cette quantité, à trois reprises différentes, j'ai pu me convaincre que mon évaluation est exacte.

Quant à la substance désignée par Vauquelin sous le nom de substance bitumineuse végétale, elle donne à la distillation un produit ammoniacal, et a par conséquent les caractères des matières animales. Au reste on la retrouve dans toutes les autres sources de Luxeuil.

IV.

Analyse de l'eau du Bain des Dames.

D'après les observations de M. Revillout, la température de cette source est de 47° centigr.

Analysée en suivant la marche indiquée, un litre de cette eau contient :

	Gram.
1.° Chlorure de sodium	0, 7704
2.° Chlorure de potassium	0, 0215
3.° Sulfate de soude	0, 1529
4.° Carbonate de soude	0, 0473
5.° Carbonate de chaux	0, 0600
6.° Magnésie	0, 0240
7.° Silice	0, 0825
8.° Alumine 9.° Oxide de fer 10.° Oxide de manganèse	0, 0020
11.° Matière animale	0, 0040
TOTAL	1, 1646

Dans quelques bouteilles renfermant cette eau on a remarqué un léger sédiment muqueux analogue à celui de la source chaude du Bain-Gradué, mais dont la couleur était d'un rouge brunâtre; il était aussi formé en grande partie de silice, d'alumine, d'oxide de fer et d'oxide de manganèse, substances qui servaient de réceptacle à la matière muqueuse animale.

V.

Analyse de la source moins chaude du Bain-Gradué.

Cette analyse a été faite en suivant exactement les mêmes procédés que ceux qui ont été détaillés précédemment. En résumé, un litre de cette eau, dont la température a été évaluée par M. Revillout à 36° centigrades, m'a donné :

	Gram.
1.° Chlorure de sodium	0, 6376
2.° Chlorure de potassium	0, 0244
3.° Sulfate de soude	0, 1224
4.° Carbonate de soude	0, 0391
5.° Carbonate de chaux	0, 0571
6.° Magnésie	0, 0029
7.° Silice	0, 0771
8.° Alumine, 9.° Oxide de fer, 10.° Oxide de manganèse	0, 0049
11.° Matière animale	0, 0024
TOTAL	0, 9616

VI.

Analyse de l'eau particulière au cabinet N.° 7 du Bain-Gradué.

Un litre de cette eau, dont la température est de 36° centigrades, d'après les observations du docteur Revillout, m'a fourni pour résultat :

		Gram.
1.°	Chlorure de sodium	0, 6694
2.°	Chlorure de potassium	0, 0220
3.°	Sulfate de soude	0, 1168
4.°	Carbonate de soude	0, 0321
5.°	Carbonate de chaux	0, 0671
6.°	Magnésie	0, 0028
7.°	Silice	0, 0622
8.°	Alumine	}
9.°	Oxide de fer	} 0, 0022
10.°	Oxide de manganèse	}
11.°	Matière animale	0, 0025
	Total.....	0, 9771

VII.

Analyse de l'eau des Cuvettes.

Cette source, dont la température est de 46° centigrades, m'a fourni par litre :

		Gram.
1.°	Chlorure de sodium	0, 5797
2.°	Chlorure de potassium	0, 0152
3.°	Sulfate de soude	0, 1145
4.°	Carbonate de soude	0, 0282
5.°	Carbonate de chaux	0, 0660
6.°	Magnésie	0, 0020
7.°	Silice ...	0, 0504

8.° Alumine..............		
9.° Oxide de fer...........	0,	0030
10.° Oxide de manganèse.....		
11.° Matière animale..........	0,	0022
TOTAL.............	0,	8612

VIII.

Analyse de l'eau du Bain des Capucins.

Cette source, dont la température a été trouvée de 39° centigrades, m'a donné par litre :

	Gram.	
1.° Chlorure de sodium.......	0,	3754
2.° Chlorure de potassium.....	0,	0012
3.° Sulfate de soude..........	0,	0795
4.° Carbonate de soude.......	0,	0160
5.° Carbonate de chaux.......	0,	0451
6.° Magnésie...............	0,	0047
7.° Silice..................	0,	0450
8.° Alumine..............		
9.° Oxide de fer...........	0,	0018
10.° Oxide de manganèse.....		
11.° Matière animale..........	0,	0024
TOTAL.............	0,	5681

IX.

Analyse de l'eau dite savonneuse.

La température de cette source est de 29° centigrades d'après M. Revillout. Il résulte de mon analyse qu'un litre de cette eau contient :

	Gram.	
1.° Chlorure de sodium.......	0,	1098
2.° Chlorure de potassium.....	0,	0030
3.° Sulfate de soude.........	0,	0979
4.° Carbonate de soude.......	0,	0050

5.°	Carbonate de chaux.......	0, 0340
6.°	Magnésie...............	traces.
7.°	Silice..................	0, 0250
8.°	Alumine...............	0, 0004
9.°	Oxide de fer...........	
10.°	Oxide de manganèse.....	
11.°	Matière animale.........	traces.
	TOTAL.............	0, 2751

X.

Analyse de la source ferrugineuse.

Cette eau présente, comme on le sait, un phénomène remarquable : en sortant de la terre elle est limpide; mais, par le contact de l'air, elle se prend en masse gélatineuse couleur de chair. L'analyse de cette eau a été faite par M. Longchamp, qui, dernièrement, en a publié le résultat (1). Il a trouvé la température de la source à 22, 25° centigrades, celle de l'atmosphère étant à 28°. Suivant ce chimiste, un litre de cette eau se compose de :

		Gram.
1.°	Chlorure de sodium.......	0, 0591
2.°	Sulfate de soude..........	0, 0125
3.°	Carbonate de chaux.......	0, 1078
4.°	Silice..................	0, 0301
5.°	Oxide ferroso-ferrique.....	0, 0129
6.°	Matière organique........	0, 0067
7.°	Sulfate de chaux..........	traces.
8.°	Perte...................	0, 0069
	TOTAL.......	0, 2360

(1) Annales de Chimie et de Physique, juin 1836.

M. Longchamp n'ayant point fait connaître les procédés d'analyse qu'il a suivis, je n'ai pu répéter ses expériences; je me contenterai donc de rappeler celles que j'ai faites sur cette eau. D'abord, j'ai cru devoir y rechercher la présence du chlorure de potassium, que j'ai trouvé dans toutes les eaux thermales de Luxeuil. En conséquence j'ai fait évaporer, avec précaution, un litre de cette eau; le résidu desséché, peu considérable, ainsi obtenu, a été traité par l'eau afin d'en séparer la portion soluble. Cette liqueur, quoique longtemps exposée à l'air, fait passer au bleu un papier rougi par le tournesol, d'où il résulte qu'elle contient aussi un carbonate alcalin, qui n'a point été indiqué dans l'analyse de M. Longchamp, et qui exclut le sulfate de chaux qu'il y comprend : ainsi, je considère la source dont il s'agit comme une eau ferrugineuse légèrement alcaline. A la vérité M. Longchamp présume que cette eau contient, en dissolution, de la chaux à l'état caustique; mais cette assertion me paraît peu vraisemblable. Je reviens à la dissolution aqueuse des sels solubles obtenus par l'évaporation à siccité du litre de l'eau ferrugineuse : cette dissolution, rapprochée de nouveau jusqu'à sec, puis humectée avec de l'eau, indiquait toujours, d'une manière très-sensible, au papier réactif, la présence d'un alcali; cependant le même résidu, mis en contact avec de l'acide hydrochlorique, n'a point sensiblement fait effervescence. Par l'évaporation du mélange, il s'est produit des pellicules d'apparence siliceuse, lesquelles, exposées à une chaleur rouge, ont laissé un résidu charbonneux dû à la matière organique, qui contenait en effet un peu de silice. La dissolution saline, privée de ce résidu insoluble, a été mêlée avec du chlorure de platine; puis j'ai fait évaporer le tout à siccité, et repris le résidu par l'alcool affaibli; j'ai obtenu ainsi un sédiment jaune, lequel, lavé à l'alcool faible, pesait, après sa dessiccation, 0,025 grammes de chlorure platinico-potassique, qui contiennent 0,0048 de potasse, équivalant à 0,0074 grammes de chlorure de potassium pour un litre d'eau.

DÉTERMINATION DES AUTRES SUBSTANCES CONTENUES DANS L'EAU FERRUGINEUSE DE LUXEUIL.

Quatre litres de cette eau ont été évaporés avec toutes les précautions convenables jusqu'à la réduction d'un très-petit volume, et on a séparé, par un filtre, pesé d'avance, la portion insoluble; celle-ci pesait, après sa dessiccation, 0,76 grammes. Nous y reviendrons.

La dissolution saline a laissé, après son évaporation, un résidu, lequel, fortement desséché, pesait 0,390 grammes; chauffé ensuite au rouge, il a noirci en exhalant une odeur empyreumatique, et ne pesait plus que 0,360 grammes, ce qui donne 0,030 grammes pour la matière animale que ce résidu salin contenait; redissous par l'eau distillée, il est resté un léger sédiment charbonneux, lequel, repris par un peu d'acide sulfurique affaibli, a fourni une dissolution dans laquelle la potasse a séparé 0,020 gr. de magnésie.

La dissolution salino-alcaline, séparée du sédiment charbonneux, a été acidulée par l'acide acétique; puis, j'y ai versé du nitrate de baryte qui y a formé un précipité, lequel, lavé et chauffé au rouge, pesait 0,130 grammes, qui contiennent 0,076 grammes d'acide sulfurique, correspondant à 0,1353 gr. de sulfate de soude.

La liqueur, bien séparée du sulfate de baryte, a été acidulée fortement avec de l'acide nitrique; puis on y a versé du nitrate d'argent. Le précipité de chlorure d'argent bien lavé, desséché, et fortement chauffé, pesait 0,560 gr., et contient 0,1382 gr. de chlore. Si, de cette quantité de chlore, nous retranchons celle qui fait partie du chlorure de potassium contenu dans les quatre litres d'eau et qui s'élève à 0,014 gr., il restera 0,1242 gr. de chlore représentant 0,2058 gr. de chlorure de sodium contenu dans les quatre litres d'eau.

EXAMEN DU RÉSIDU INSOLUBLE.

Ce résidu, que nous avons dit être du poids de 0,76 grammes, a été mis à digérer dans un petit creuset de platine avec de l'acide nitrique, qui a produit une vive effervescence; j'ai évaporé jusqu'à sec, puis humecté la masse avec un peu d'acide nitrique, et, après l'avoir chauffée, elle a été traitée par l'eau : il est resté de la silice; son poids était de 0,1176 grammes; elle était d'une couleur grise due à un peu de matière organique qu'elle retenait; car, ayant été rougie au feu, elle a répandu une odeur de matière animale brûlée et a pris une couleur blanche.

La dissolution, séparée de la silice, a été mêlée avec de l'ammoniaque, qui a produit un précipité d'un jaune brunâtre, lequel a été séparé par un petit filtre dont le poids était connu. Ce précipité, bien desséché, pesait 0,114 grammes. Je me suis assuré, par des essais préalables, qu'il contenait une matière organique ainsi que de l'oxide de manganèse; car, traité au chalumeau avec la soude, il a donné une réaction d'un beau vert. Ce précipité a été redissous dans l'acide hydrochlorique, et, après avoir saturé la liqueur avec du sel ammoniaque, le prussiate de potasse en a séparé le fer qu'elle contenait; j'ai versé ensuite dans la liqueur filtrée de l'ammoniaque, qui a donné naissance à un précipité blanc, floconneux, soluble dans la potasse caustique, et ayant les caractères de l'alumine; mais je n'en ai point déterminé le poids.

Dans la liqueur séparée par l'ammoniaque de l'oxide de fer, de l'oxide de manganèse et de l'alumine, j'ai ajouté de l'oxalate d'ammoniaque; le précipité d'oxalate de chaux qui en est résulté, recueilli avec soin et calciné au rouge sombre, a donné 0,4224 grammes de carbonate de chaux.

Le liquide séparé par le filtre de l'oxalate de chaux a été évaporé à siccité dans un creuset de platine, puis on a chauffé au rouge; il est resté une matière terreuse blanchâtre, laquelle, lavée avec un peu d'eau, a donné une liqueur alcaline qui rappelait fortement au bleu le papier rougi par le tournesol. Cette liqueur alcaline, mêlée à du chlorure de platine, puis évaporée à siccité et traitée par l'alcool, a laissé une quantité assez remarquable de chlorure platinico-potassique, dont je n'ai cependant point déterminé le poids; en sorte que je ne puis estimer la quantité de potasse qu'il contenait. Quoi qu'il en soit, cette potasse paraît évidemment exister à l'état de carbonate dans cette source ferrugineuse, laquelle mérite, par conséquent, de porter le titre d'eau ferrugineuse alcaline. On peut d'ailleurs expliquer pourquoi la potasse se retrouve dans le résidu insoluble provenant de l'évaporation de cette eau; c'est que pendant les progrès de cette évaporation une partie de la potasse se combine avec la silice, la magnésie et l'oxide de fer, pour former un composé insoluble, que l'acide nitrique peut décomposer ensuite. La matière terreuse blanchâtre dont j'ai parlé ci-dessus, ainsi privée par l'eau du carbonate de potasse qu'elle retenait, a été traitée par un peu d'acide nitrique, qui l'a dissoute en grande partie en laissant un résidu brunâtre, dû sans doute à l'altération du creuset de platine par la présence de la potasse. La dissolution nitrique retenait des traces presque insignifiantes de silice; elle a été évaporée à siccité, et le résidu, chauffé au rouge, pesait 0,010 gr. : c'était de la magnésie.

Il me reste encore à parler de la matière organique qui existe dans le dépôt gélatiniforme qui se produit dans cette eau ferrugineuse alcaline lorsqu'elle est exposée à l'air.

On se rappelle que M. Berzélius, en examinant le dépôt ocreux qui se forme aussi par le contact de l'air dans l'eau minérale de Porla, y découvrit deux acides organiques azotés, qu'il nomma crénique et apocrénique (acides des sources) : j'ai donc cru devoir répéter les expériences de ce célèbre chimiste sur l'ocre gélatiniforme qui se dépose abondamment de l'eau ferrugineuse alcaline de Luxeuil. En conséquence, comme il le conseille, j'ai fait bouillir ce dépôt avec une dissolution de potasse caustique, et j'ai obtenu, par la filtration, un liquide brun foncé, lequel a été saturé par un léger excès d'acide acétique; j'ai ajouté ensuite à la liqueur de l'acétate de cuivre, qui a produit un précipité brun d'apocrénate de cuivre, lequel, décomposé par l'hydrogène sulfuré, a mis à nu l'acide apocrénique reconnaissable à toutes ses propriétés.

La liqueur, séparée de l'apocrénate de cuivre, après avoir été saturée de carbonate d'ammoniaque, a été de nouveau mêlée à de l'acétate de cuivre, qui alors a donné naissance à un précipité verdâtre de crénate de cuivre : celui-ci, décomposé comme le précédent, par l'hydrogène sulfuré, a produit l'acide crénique.

Il me restait cependant encore des doutes sur l'existence réelle de ces deux acides organiques de M. Berzélius : en effet, la potasse caustique bouillante, en réagissant sur la matière azotée contenue dans le dépôt ocreux, avait pu la transformer en acide crénique et apocrénique; mais l'expérience suivante paraît prouver qu'il n'en est point ainsi. J'ai fait chauffer, dans un vase bien bouché, l'ocre de Luxeuil avec de l'ammoniaque, et, après le refroidissement, j'ai filtré; il a passé un liquide brunâtre, lequel, évaporé à siccité, a laissé un résidu brun attirant un peu l'humidité et qui était formé de crénate et d'apocrénate (acide d'ammoniaque);

car, le même résidu, redissous dans l'eau, a rougi fortement un papier teint en bleu par le tournesol, et a donné des précipités avec les sels de cuivre et de peroxide de fer : il est donc suffisamment démontré, que dans l'eau ferrugineuse alcaline de Luxeuil, le fer y est naturellement combiné avec les acides crénique et apocrénique.

En résumé, l'eau ferrugineuse alcaline de Luxeuil est formée, par litre, de :

		Gram.
1.°	Chlorure de sodium........	0, 0514
2.°	Chlorure de potassium......	0, 0074
3.°	Sulfate de soude...........	0, 0338
4.°	Carbonate de chaux........	0, 1056
5.°	Silice..................	0, 0294
6.°	Crénate et apocrénate de fer.	0, 0285
7.°	Alumine................	
8.°	Oxide de manganèse......	
9.°	Magnésie................	0, 0075
10.°	Carbonate de potasse.....	quantité indéterminée.
11.°	Matière organique dont la nature n'est pas bien connue.	0, 0070
	TOTAL................	0, 2706

En comparant ce résultat avec celui de M. Longchamp, on voit que la quantité de chlorure de sodium qu'il a obtenu est sensiblement la même que dans mon analyse. Il n'en est point tout-à-fait de même du sulfate de soude. Au reste je n'ai point indiqué le sulfate de chaux, car ce sel est incompatible avec le carbonate de potasse.

XI.

Analyse de l'eau de la fontaine au nord des Bains (fontaine de M. Martin).

Cette eau, de même que toutes celles que j'ai eu occasion d'examiner dans les Vosges, est d'une pureté très-remarquable lorsqu'on la compare avec celle des autres pays. Rafraîchie à la température de 10°, sa saveur est fraîche et agréable; mais elle le serait plus encore, sans une petite quantité de matière animalisée brunâtre qu'elle laisse après son évaporation et qui me paraît être de l'extrait de terreau. Elle ne m'a fourni d'ailleurs que des traces presque insignifiantes de chlorure alcalin.

Cette eau (plusieurs litres), acidulée par l'acide nitrique et dans laquelle j'ai versé du chlorure de baryum, n'a éprouvé aucun trouble au bout de vingt-quatre heures, d'où il suit qu'elle ne contient aucune trace de sulfate. Deux litres de la même eau, mélangée d'oxalate d'ammoniaque, n'ont point non plus été troublés au moment du mélange; ce n'est qu'au bout de vingt-quatre heures qu'il s'est rassemblé un léger sédiment, lequel, chauffé au rouge, ne pesait que 0,036 gr. de carbonate de chaux, d'où il suit que cette eau ne contient que $\frac{1}{555}$ de son poids de carbonate de chaux, quantité infiniment petite lorsqu'on la compare à celle qui est contenue dans la plupart des eaux communes examinées jusqu'à présent; je n'en excepterai pas même celle de la fontaine de Vimont, département du Calvados, laquelle fut trouvée par Vauquelin l'une des plus pures et des plus légères que l'on connaisse; aussi, baptisé avec cette eau, il la croyait plus propre que toute autre à effacer la tache originelle. Elle ne contenait que $\frac{1}{4000}$ de son poids de carbonate de chaux, quantité fort petite à la vérité, mais beaucoup moins faible que celle que nous venons d'indiquer.

Au reste, j'ai aussi trouvé dans l'eau dont je m'occupe, des traces de silice, d'oxide de fer, et d'oxide de manganèse.

RÉSUMÉ.

J'ai réuni dans la table synoptique suivante les proportions des substances contenues dans 1000 grammes ou un litre d'eau de chacune des neuf sources thermales de Luxeuil, afin qu'on puisse mieux les comparer entre elles.

NOMS DES SOURCES.	CHLORURE de sodium.	CHLORURE de potassium.	SULFATE de soude.	CARBONATE de soude.	CARBONATE de chaux.	MAGNÉSIE.	ALUMINE, oxide de fer, oxide de manganèse.	SILICE.	MATIÈRE animale.	RÉSIDU FI[illegible] pour un litre d'e[illegible]
I. Source chaude du Bain-Gradué......	0,7053	0,0239	0,144[illegible]	0,0436	0,0580	0,0240	0,0020	0,0805	0,0030	1,0845
II. Bain des Bénédictins..............	0,7564	0,0200	0,1499	0,0457	0,0785	0,0031	0,0034	0,0751	0,0028	1,1349
III. Grand-Bain	0,7471	0,0239	0,140[illegible]	0,0355	0,0850	0,0030	0,0033	0,0659	0,0025	1,1130
IV. Bain des Dames..................	0,7707	0,0215	0,1529	0,0473	0,0600	0,0240	0,0020	0,0825	0,0040	1,1649
V. Source moins chaude du Bain-Gradué.	0,6376	0,0211	0,1224	0,0391	0,0571	0,0029	0,0019	0,0771	0,0024	0,9616
VI. Eau particulière au cabinet n.° 7 du Bain-Gradué.............. ...	0,6694	0,0220	0,1168	0,0321	0,0671	0,0028	0,0022	0,0622	0,0025	0,9771
VII. Eau des Cuvettes...	0,5797	0,0152	0,1145	0,0282	0,0660	0,0020	0,0030	0,0504	0,0022	0,8612
VIII. Bain des Capucins................	0,3754	0,0012	0,0795	0,0160	0,0451	0,0017	0,0018	0,0450	0,0024	0,5681
IX. Eau savonneuse..................	0,1098	0,0030	0,0979	0,0050	0,0340	Traces.	0,0004	0,0250	Traces.	0,2751

En jetant les yeux sur ce tableau, on peut en déduire plusieurs faits remarquables qui serviront à diriger l'emploi des eaux thermales de Luxeuil dans les diverses maladies auxquelles on les destine.

1.° On remarquera que les sources n.os I, II, III et IV ont sensiblement la même composition par les proportions des élémens qui les constituent : car les légères différences qu'on y observe ne sont vraisemblablement dues qu'à des erreurs de manipulation qu'il est impossible d'éviter dans ces sortes de recherches. On peut donc conclure que ces quatre premières sources proviennent du même réservoir souterrain ou centre minéralisateur.

2.° Que les sources n.os V, VI et VII, quoique provenant aussi de la même nappe d'eau, ont rencontré accidentellement dans leur trajet des filets d'eau pure qui ont altéré leur constitution originelle.

3.° Que dans la source n.° VIII cette altération est beaucoup plus marquée.

4.° Enfin que la source IX est tellement appauvrie par son mélange avec l'eau pure, qu'elle peut être comprise parmi les eaux de source ordinaires.

De plusieurs sources thermales de Luxeuil, surtout de celle dite Bain des Dames, se dégage une quantité assez considérable d'un gaz que M. Revillout avait considéré comme de l'azote et que j'avais supposé devoir être plutôt de l'acide carbonique, d'après la constitution des eaux qui le fournissent ; mais, ayant depuis analysé ce gaz, j'ai bientôt reconnu mon erreur, et me suis assuré qu'il n'est en effet que du gaz azote très-pur, ne contenant aucune trace d'oxigène ni d'acide carbonique.

Au reste, la production de ce gaz me paraît facile à expliquer d'après les considérations suivantes. On sait que les nuages qui se rassemblent de préférence autour des sommets les plus élevés y déposent de la pluie, dont une partie se rassemble à leur surface pour former des ruisseaux, tandis qu'une autre partie de cette eau filtre à travers les fissures des montagnes et pénètre quelquefois à une profondeur extrêmement considérable, où elle est échauffée par la chaleur que l'on suppose croissante avec la profondeur. Arrivée au réservoir où s'opère sa minéralisation, elle se sature des substances qui sont en contact avec elle, et comme parmi ces substances se trouve du protoxide de fer, puisque nous avons reconnu que toutes les eaux de Luxeuil en contiennent une petite quantité, celui-ci s'empare de l'oxigène que cette eau retient en dissolution, d'où il résulte que l'azote seul, qu'elle retenait aussi, s'en sépare sous forme de bulles plus ou moins grosses, à mesure que l'eau approche de la source et que la pression diminue.

Nancy, le 12 janvier 1838.

DES PROPRIÉTÉS
PHYSIQUES ET MÉDICINALES
DES EAUX THERMO-MINÉRALES
DE LUXEUIL.

DES PROPRIÉTÉS DE L'EAU FERRUGINEUSE.

L'EAU ferrugineuse de Luxeuil est alcaline et saline ; elle réunit ainsi la triple vertu des sels qu'elle contient. Cette eau est très-légère et limpide, sa saveur est styptique ; une fois en contact avec l'air atmosphérique, elle dépose bientôt dans la cuvette qui la reçoit une quantité considérable de matière muqueuse de couleur d'ocre; c'est le double sel de fer, le crénate et l'apocrénate qui se trouvent entraînés par la matière organique coagulée.

L'effet que l'eau ferrugineuse produit sur l'homme en santé est remarquable. A la dose de quelques verres, son usage, continué pendant quelques jours, finit par produire des pesanteurs d'estomac, des borborygmes, des coliques et de la constipation, quelquefois de la diarrhée; la tête devient lourde, douloureuse; l'appétit se perd; on éprouve enfin tous les symptômes de la pléthore.

Il n'en est pas de même des effets consécutifs observés sur les filles chlorotiques, sur tous les individus épuisés par des hémorragies, chez tous ceux, enfin, qui ont besoin de reconstitution du sang par suite d'évacuations trop abondantes, et qui sont remarquables par la décoloration générale de la peau et des membranes muqueuses, par l'amaigrissement, la bouffissure de la face et des extrémités inférieures.

Chez toutes les personnes dont je viens de parler, qui ne sont point atteintes d'inflammation du tube digestif, ou d'anévrisme du cœur, l'eau ferrugineuse de Luxeuil et les différentes préparations de son dépôt produisent une amélioration rapide et remarquable.

Quelquefois, dans les premiers jours du traitement, les malades supportent difficilement l'eau ferrugineuse en boisson. Je me suis alors très-bien trouvé de l'usage de pastilles ou de chocolat préparés avec le dépôt dont je viens de parler.

Ce traitement est continué jusqu'au retour complet des forces et de la santé.

Il est essentiel que l'eau ferrugineuse et sa préparation soient données au commencement des repas : car leur usage à jeûn produit souvent des maux d'estomac, le dégoût et la perte de l'appétit. Plusieurs malades pour lesquels on n'avait point pris ces précautions indispensables ont suspendu et même discontinué pour toujours un remède qui leur aurait rendu la santé.

L'usage de quelques bains tempérés de nos eaux, si convenables dans les cas d'atonie, par la grande quantité de gaz azote pur qu'elles contiennent et par leur minéralisation, rendent encore le rétablissement plus prompt et plus complet.

1.re OBSERVATION.

M.lle M***, de Mâcon, vint à Luxeuil en 1837, pour combattre, à l'aide de nos eaux, des douleurs de tête presque continuelles, alternant avec des douleurs d'estomac qui donnaient lieu à des vomissemens fréquens, des palpitations, de l'anhélation, des douleurs dans les jambes, et tout le cortége de symptômes nerveux le plus disparate. Agée de dix-huit ans, grande, bien constituée, mais d'une pâleur remarquable, M.lle *** était abondamment réglée ; mais le sang était décoloré. Les souffrances de la malade remontaient à plusieurs années, et bien des traitemens avaient été conseillés et suivis sans succès. Les bains furent enfin prescrits pour combattre cette affection si tenace; ce fut alors que M.lle *** me fut adressée. Je reconnus l'existence de la chlorose aux divers symptômes énoncés ci-dessus, et je soumis immédiatement la malade au traitement suivant : Eau ferrugineuse pour boisson aux repas, bains d'un quart d'heure au bassin des Bénédictins, promenades à âne ou en voiture, alimens en petite quantité, au goût de la malade.

Dans les premiers jours de ce traitement, l'eau ferrugineuse pesait sur l'estomac, qui était devenu plus douloureux à la pression; l'appétit avait cessé, le pouls était plus fréquent, les douleurs de tête plus insupportables; la chaleur était fébrile, la peau était sèche et la malade altérée.

Mlle ***, effrayée de cette aggravation de symptômes, ne voulait plus continuer le traitement; son opposition lui semblait d'autant plus rationnelle, que jusqu'alors elle n'avait éprouvé de soulagement momentané que par l'emploi d'un traitement antiphlogistique. Cependant mes conseils prévalurent, et les préparations ferrugineuses furent continuées; seulement, au lieu d'employer l'eau ferrugineuse, dont l'activité était trop grande d'abord, je mis la malade à l'usage des pastilles et du chocolat préparés avec la substance gélatino-ferrique qui se forme incessamment et d'une manière si prodigieuse dans le bassin qui reçoit au dehors l'eau de notre précieuse source ferrugineuse alcaline. Cette médication fut continuée matin et soir et donnée depuis quelques grains jusqu'à un gros, dans les vingt-qnatre heures, au commencement des repas, dans les premières cuillerées de bouillon ou de potage. Plus tard, l'eau ferrugineuse fut employée en boisson pendant le repas, et passa très-bien et sans aucune pesanteur. Enfin, après cinq semaines de traitement, tous les symptômes de la chlorose avaient entièrement disparu; Mlle *** avait repris sa beauté, sa fraîcheur et sa gaîté, et s'en retournait parfaitement guérie.

Un mois après son départ, Mlle *** m'écrivait: « Mon père est enchanté de ma guérison et partage notre gaîté. Personne ne veut reconnaître » en moi la pauvre enfant si pâle, si triste et » si faible qui partit il y a deux mois..... Je me » porte à merveille. Quelques jours passés à la » campagne ont consolidé cette *santé de fer* que » vous m'avez rendue. »

Malgré les souffrances de la malade, je ne m'en suis point laissé imposer par les sensations pathologiques et les troubles fonctionnels que l'inertie des forces assimilatrices accumulait vers l'estomac, tels que douleurs d'estomac à la pression, difficulté de la digestion, rapports nidoreux, pesanteur d'estomac, altération; pas plus que par les palpitations, l'anhélation, les douleurs de tête et tous les autres phénomènes nerveux observés sur la malade. J'ai regardé tous ces symptômes comme le résultat de la pauvreté du sang, et l'expérience est bientôt venue confirmer la justesse de ma théorie.

Ainsi, notre eau ferrugineuse et ses préparations triomphent très-rapidement de toutes les affections qui ont pour cause le défaut de plasticité, de cruor du sang, en lui rendant les sels qu'il a perdus.

Tous les auteurs qui ont observé les effets de l'eau ferrugineuse de Luxeuil l'ont consigné dans leurs écrits.

Le docteur Champion, de Nancy, employé temporairement près de l'établissement thermal de Luxeuil, médecin instruit et grand observateur, que j'aurai l'occasion de citer plusieurs fois dans cet écrit, s'exprime ainsi au sujet de notre eau ferrugineuse :

« Cette eau est très-légère et limpide; elle passe » facilement par les voies urinaires; elle est apé» ritive, tonique, désobstructive et propre à » toutes les maladies des deux sexes dépendantes » de relâchement et d'atonie; par exemple, elle » procure un soulagement marqué dans la jau» nisse et dans l'hydropisie commençante, dans » le défaut de digestion résultant de la faiblesse

» de l'estomac et du tube intestinal, dans les obs-
» tructions naissantes et provenant de la même
» cause, dans les maladies des nerfs, dans les
» maladies des femmes, soit par l'irruption
» des règles, soit par les pâles couleurs, soit
» pour les fleurs blanches, soit pour les suites
» des épanchemens laiteux, soit pour les pertes
» et pour terminer chez les femmes, à cer-
» taines époques, la cessation des évacuations
» périodiques, et enfin pour toutes les ma-
» ladies qui ne dépendent point de l'exagération
» de la force organique des différens viscères, ni
» de la surabondance des principes vitaux, mais,
» au contraire, de la diminution plus ou moins
» sensible de ces ressources de la vie et de la
» santé. »

Il est impossible de faire un tableau plus fidèle et plus vrai de toutes les maladies qui proviennent de l'altération du sang. Il est très à regretter, dans l'intérêt de l'établissement des eaux minérales de Luxeuil, qu'un tel observateur ait laissé ses mémoires inédits; j'en ai trouvé, cependant, des fragmens assez étendus dans la bibliothèque du savant et modeste docteur Leclerc, ancien inspecteur des eaux de cette ville.

MÉLANGE DES EAUX FERRUGINEUSES ALCALINES AVEC L'EAU THERMALE DU GRAND-BAIN.

Le mélange que l'on doit faire, dans le Bain-Neuf, de l'eau ferrugineuse alcaline avec l'eau thermale la plus chaude rendra les bains de cette partie de l'établissement plus toniques et plus stimulans; ils auront une analogie de principes et d'action avec les eaux ferrugineuses thermales d'Allemagne. Hufeland regardait comme un des moyens les plus héroïques cette triple union de principes. La stypticité, l'astringence des sels de fer que notre eau contient est extrême, et son mélange deviendra précieux dans les mille affections atoniques du systême lymphatique, du systême nerveux, dans toutes les affections caractérisées par la faiblesse générale et l'inertie des organes. Déjà plusieurs médecins ont employé ce mélange avec beaucoup d'avantage dans les cas que je viens de citer.

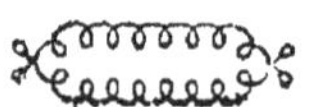

PROPRIÉTÉS DE LA FONTAINE SAVONNEUSE ET DE CELLE DE M. MARTIN.

La fontaine savonneuse est une eau thermale mélangée dans le sein de la terre avec de l'eau non minéralisée; sa température est de 30 degrés centigrades. Elle est conseillée avec succès aux personnes nerveuses et irritables qui ont en même temps une grande susceptibilité gastrique. On la boit seule ou mélangée avec un sirop; quelquefois les malades ne peuvent pas encore la supporter; c'est alors que l'on emploie avec le plus grand succès l'eau de la fontaine de M. Martin, qui est située au nord des bains, et dont la température est de 17 degrés cent. 1/2 : c'est, d'après l'analyse de M. Braconnot, l'eau la plus pure que l'on connaisse. Seule ou mélangée avec un sirop, elle devient une boisson des plus légères et des plus douces dans toutes les affections inflammatoires du tube digestif.

Il existait autrefois dans l'angle que forme la réunion des deux ailes du bâtiment des bains une source très-abondante qui est maintenant perdue; il serait cependant facile de la retrouver. La réputation que cette eau avait acquise la fait regretter. On cite qu'à l'époque d'une dyssenterie épidémique, arrivée en l'année 1719, elle fut si salutaire, et l'affluence des malades si grande près de ses bords, que l'on crut devoir placer des gardes pour distribuer l'eau tour à tour à chaque individu. Il est probable que cette eau ne devait sa vertu qu'à une plus grande proportion de sels neutres mélangés avec la matière organique.

PROPRIÉTÉS DES EAUX THERMALES.

L'eau thermale de Luxeuil (l'eau du Bain des Dames ou celle du Grand-Bain sont prises ici pour terme de comparaison) est transparente, limpide, onctueuse au toucher; sa saveur est presque nulle d'abord et puis un peu salée : cette impression se conserve longtemps dans la bouche; son odeur, respirée au-dessus de la source même, est *sui generis.*

Il s'élève constamment des sources une vapeur épaisse dans les temps froids et pluvieux, à peine visible lorsque le temps est au sec ou lorsqu'il est orageux : ce même phénomène s'observe dans toutes les eaux thermales. Il semble que, dans le moment des orages, la température de l'eau en soit plus élevée; toujours est-il qu'alors les baigneurs supportent difficilement une longue immersion. La plupart des auteurs rapportent cet effet à un plus grand dégagement d'électricité des sources.

GAZ THERMAL.

Les sources laissent aussi dégager une quantité considérable de petites bulles semblables à celles qui s'échappent d'un verre de vin de Champagne très-chargé de gaz acide carbonique ; c'est au point que le liquide en paraît troublé. Il y a, en outre de ce dégagement incessant de milliers de bulles, un bouillonnement intermittent qui soulève le liquide toutes les trois minutes; cette effervescence est le produit du dégagement de grosses bulles de même nature que les petites. Ce gaz, recueilli et soumis à l'analyse, est du gaz azote pur.

Des médecins praticiens très-recommandables ont émis l'opinion que chaque espèce d'eau minérale produit sur l'économie une impression propre, particulière, spécifique, qui dépend moins de l'ensemble des principes dont elles sont composées que de l'esprit minéral qui les vivifie.

Cet esprit minéral, qui existe dans chaque source d'eau thermale, et dont la présence rend infructueux tous les essais que l'on a pu faire pour les imiter, est de telle nature à Luxeuil, qu'il rend parfaitement raison de l'effet sédatif et fortifiant de nos eaux.

Pris comme bain de vapeur utérin, et mélangé avec la vapeur des sources, le gaz azote est très-convenable dans les irritations du col de l'utérus : c'est ainsi qu'agit le bain de vapeur du trou des Capucins de Plombières. On pourrait aussi, peut-être, l'employer avec succès dans certaines affections pulmonaires. A Bourbonne, à Plombières, à Néris, à Bains, il se dégage aussi des sources du gaz azote; mais il est mélangé avec du gaz oxigène.

Cette différence s'explique facilement, si l'on admet l'ingénieuse théorie de M. Braconnot sur la formation du gaz azote des sources : car l'oxide de fer est en plus grande proportion dans celles de Luxeuil que dans celles des établissemens que je viens de citer.

J'ai fait disposer au-dessus de la source du Bain

des Dames un appareil pour recevoir le gaz, et l'employer aux différens usages auxquels il est destiné.

Les eaux thermales et les eaux minérales de Luxeuil contiennent aussi une grande quantité de matière organique, qui sert à lubrifier la peau, à l'assouplir et à la nourrir.

DE LA TEMPÉRATURE DES EAUX.

La température des sources varie de trente à cinquante-six degrés centigrades. Il paraît certain qu'il n'y a qu'une source principale, puisque toutes contiennent les mêmes principes, et que la différence de degrés qui existe dans nos onze sources n'est due qu'au plus ou moins de calorique que perdent les divisions de la source-mère en filtrant à travers les terres, ou à son mélange avec de l'eau non minéralisée.

Je ne suivrai pas les auteurs dans toutes les théories qu'ils ont émises sur la chaleur des eaux : l'opinion la plus probable est que cette chaleur des eaux thermales dépend de la situation plus ou moins profonde de leurs réservoirs souterrains; mais, au surplus, quelle qu'en soit la cause, le calorique leur est uni d'une manière si intime qu'aucune opération chimique ne peut l'imiter. Quant aux causes de leur minéralisation, elles sont évidentes, et ne proviennent que des terrains qu'elles traversent pour arriver à la surface de la terre.

D'après les observations de M. le docteur Amé Jacquot, les eaux thermales de Plombières éprouveraient des variations nombreuses dans la quantité de leurs principes gélatineux, salins, dans la quantité et la qualité du gaz thermal, et dans le degré de chaleur. C'est, jusqu'ici, le seul auteur qui ait signalé semblable phénomène. Je suis obligé de déclarer que toutes les observations que j'ai faites jusqu'ici sur les eaux de Luxeuil infirment d'une manière absolue les faits avancés par mon estimable confrère.

Les eaux thermales de Luxeuil sont rangées dans la classe des eaux salines. Elles contiennent, comme on a pu le voir dans l'analyse de M. Braconnot, onze principes constitutifs, sans y comprendre le calorique, l'électricité et le gaz, qui, cependant, doivent être considérés comme faisant partie de leurs élémens.

Les eaux thermales de Bourbonne, de Plombières, de Bains, de Luxeuil, sont trop rapprochées l'une de l'autre pour que l'on n'ajoute pas foi à l'opinion qui les fait sortir du même cratère. La différence de leur minéralisation tient aux différentes couches de terre qu'elles traversent; l'inégalité de leur température, qui varie de sept degrés, provient de l'inégalité de temps que l'eau met pour arriver à la surface de la terre. Mais les gaz sont les mêmes, et, s'ils ne sont pas dans le même état de pureté, on ne doit l'attribuer qu'à la décomposition incomplète de l'air atmosphérique. Leurs propriétés seraient donc identiques, si la plus ou moins grande quantité de principes qui les minéralisent ne les rendaient plus ou moins excitantes.

Si l'activité des eaux thermales des quatre établissemens que je viens de citer est en raison des principes qu'elles contiennent, Bourbonne est au premier degré de l'échelle, puis Luxeuil, Plombières et Bains; si, au contraire, le calorique intime, l'électricité et les gaz sont pour beaucoup dans l'effet médical que les eaux déterminent, les eaux de Luxeuil doivent encore être aussi efficaces que les autres eaux thermales avec lesquelles je les compare : car leurs principes fugaces, éthérés, étant les mêmes, leurs vertus doivent être identiques.

Je n'insiste avec autant de tenacité sur les propriétés physiques et chimiques des eaux de Luxeuil que parce que, tout dernièrement, M. le docteur Turck, dans un ouvrage fort ingénieux et très-remarquable sur l'emploi des eaux de Plombières, vient de publier, sans doute sur la foi des auteurs qui ont écrit des traités généraux sur les eaux, que celles de Luxeuil, étant peu ou point alcalines, étaient bien inférieures en vertu à celles de l'établissement près duquel il exerçait. Une telle assertion dans la bouche d'un confrère aussi distingué pouvant avoir du retentissement, j'ai dû la détruire à l'instant même dans l'intérêt de l'établissement dont je suis l'inspecteur.

Le tableau comparatif ci-après épargnera les recherches, et établira d'une manière convaincante l'opinion que je viens d'émettre sur les vertus des eaux thermales de l'est de la France.

TABLEAU COMPARATIF DES EAUX DE BAINS, BOURBONNE, LUXEUIL ET PLOMBIÈRES,

POUR UN LITRE D'EAU.

PRINCIPES CONSTITUTIFS.	BAINS.		BOURBONNE.		LUXEUIL.		PLOMBIÈRES.	
		Grains.		Grains.		Grains.		Grains.
Chlorure de sodium..	....	1/6	....	101	....	14 1/2	....	1 1/3
Chlorure de potassium	....	»	de chaux......	8 7/10	....	1/2	....	»
Sulfate de soude.....	....	1	de chaux......	8 9/10	....	3	....	2 1/4
Carbonate de soude..	....	»	....	»	....	1	....	2
Carbonate de chaux..	....	1/6	....	1	....	1 1/5	....	1/2
Magnésie...........	traces inappréciables	»	quelques atômes	7 2/10	....	1/2	....	»
Alumine...........	....	»	....	»	....	1/75	....	»
Oxide de fer........	....	»	....	»	....	1/75	....	»
Oxide de manganèse..	....	»	....	»	....	1/75	....	»
Silice..............	traces inappréciables	»	....	»	....	1 2/3	....	1 1/3
Matière animale.....	....	»	....	1 1/2	....	4/5	....	1
Résidu fixe.........	....	1	....	138	....	23	....	6 1/2

Puisque l'analyse donne aux eaux de Luxeuil quatre fois autant de principes qu'aux eaux de Plombières; puisque, dans l'un et l'autre établissement, la température de l'eau dépasse le degré de chaleur que l'homme peut supporter; puisque leurs gaz sont les mêmes, à quelle cause faut-il donc attribuer l'espèce de discrédit dans lequel sont tombés les thermes de Luxeuil?

J'ai déjà dit que la difficulté de trouver des logemens à proximité des bains y entrait pour quelque chose; mais le défaut d'une bonne analyse et l'abandon des piscines à haute température en furent les causes capitales.

C'est ainsi qu'on parvint à discréditer les bains de Luxeuil; et, lorsque les traités généraux publiés sur les eaux minérales annoncèrent que les eaux de cette ville n'étaient que tièdes et peu minéralisées, aucune voix ne s'éleva pour réclamer contre cette assertion, aucune démarche ne fut faite pour leur rendre leur antique célébrité.

Il en fut bien autrement des eaux de Plombières. Depuis longtemps une protection spéciale, un patronage particulier leur étaient fournis à l'envi par les ducs de Lorraine, puis par Stanislas, et enfin par le célèbre chapitre de Remiremont; et, lorsque, plus tard, la Révolution vint rétablir le niveau, le Gouvernement d'alors s'en rendit propriétaire, et leur donna un nouvel éclat.

Quelques médecins, cependant, à la tête desquels je citerai M. Guersent, étaient déjà persuadés avant l'analyse que les eaux de Luxeuil étaient aussi efficaces que celles de Plombières; mais le plus grand nombre d'entre eux les regardaient comme beaucoup plus douces, et y envoyaient leurs malades pour les préparer à des eaux plus actives.

Il est seulement vrai de dire que les divers degrés de chaleur et de minéralisation qui existent dans les différentes sources de Luxeuil font qu'elles conviennent à toutes les constitutions et à tous les tempéramens.

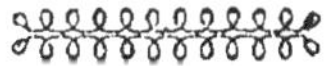

MODES D'ADMINISTRATION DES EAUX THERMALES.

Les eaux thermales de Luxeuil se prescrivent en boissons, en bains, en douches et en étuves. Plusieurs médecins ont aussi employé avec succès le dépôt léger que l'eau du Grand-Bain forme dans son bassin. Je ne puis que donner ici une idée générale de la manière de prescrire les eaux, le médecin qui suit le malade pouvant seul varier le traitement, suivant les mille circonstances que son expérience lui fera connaître.

DE LEUR USAGE EN BOISSONS.

Les eaux thermales de Luxeuil, si limpides, si légères, si pures, sont de la digestion la plus facile, même aux estomacs les plus faibles; elles augmentent la sécrétion de toutes les muqueuses, des fluides pancréatique et biliaire, et donnent souvent lieu, dans les premiers jours, à des évacuations spontanées, dont les résultats sont avantageux. Cependant, comme elles augmentent les fonctions absorbantes du tube digestif, elles produisent bientôt la constipation. On ne doit cher-

cher à diminuer l'état de sécheresse et de rigidité du ventre que par quelques lavemens de l'eau des Cuvettes : car les purgatifs pourraient troubler les crises que la nature prépare par d'autres excrétions.

En général, avant de faire boire le malade, on le prépare par l'usage de quelques bains tempérés. La dose de la boisson peut être portée d'un à sept ou huit verres. L'eau bue en trop grande quantité ne peut qu'être nuisible; elle finit par irriter la membrane muqueuse de l'estomac et troubler les digestions.

Il faut boire avant ou après le bain. On a raison de dire qu'il faut promener ses eaux; c'est ainsi qu'on les digère facilement et qu'on en peut obtenir un effet salutaire.

Il faut aussi les boire à la source et le plus chaud qu'on peut les supporter, 1.° parce que l'eau thermale refroidie et promenée dans des verres, comme on le faisait généralement à Luxeuil, est nauséabonde; 2.° parce que, chaude, elle passe plus facilement, semble s'associer à nos tissus avec plus de promptitude; 3.° parce que le moindre transport altère quelques-unes de ses propriétés : car le calorique et le gaz ne peuvent en être séparés sans que ses propriétés soient, sinon détruites, au moins beaucoup diminuées ; 4.° et enfin lorsque le médecin veut déterminer une excitation expansive qui ait pour terme la peau.

L'eau du Bain des Dames et celle de la source chaude du Bain-Gradué, ayant l'une et l'autre une température de 47 degrés centigrades et étant les plus onctueuses et les plus chargées en principes, sont celles que l'on doit boire de préférence.

L'eau des Cuvettes, beaucoup moins minéralisée, doit être réservée pour les personnes qui ont les voies digestives trop excitées par l'eau du Bain des Dames et du Bain-Gradué.

Autant l'eau du Bain des Dames en boisson est convenable dans tous les cas d'atonie des voies digestives, autant son usage deviendrait pernicieux dans leur excitation.

C'est au médecin à ne pas confondre ces cas avec d'autres affections qui donnent quelquefois lieu à beaucoup de symptômes analogues.

Tous les estomacs ne peuvent digérer l'eau thermale avec la même facilité ; quelquefois, pour vaincre la première répugnance, on est obligé de la couper avec un sirop au goût du malade.

DE L'ACTION GÉNÉRALE DES EAUX THERMALES PRISES EN BAINS.

L'action de l'eau thermale sur l'économie est très-complexe ; elle agit par son calorique et par sa spécificité, dans laquelle on doit comprendre sa minéralisation, ses gaz et son fluide électrique.

BAIN CHAUD.

On ne peut, cependant, se dissimuler qu'employée comme bain chaud, une grande part d'action ne doive être attribuée au calorique intime qui entre dans la composition de ces mêmes eaux : elles seront donc d'autant plus excitantes qu'elles en contiendront davantage. C'est en grande partie à leur température élevée que les eaux salines les plus renommées doivent leur réputation ; j'en excepte, toutefois, les eaux très-minéralisées, comme celles de Bourbonne.

Cependant, en thèse générale, la chaleur du bain chaud ne peut excéder 45 degrés centigrades sans risquer d'amener quelques désordres dans les fonctions de la circulation. A cette température, la peau rougit rapidement, la chaleur augmente, elle devient, ainsi que le tissu cellulaire extérieur, dans un état de turgescence et de gonflement remarquable; le pouls, de concentré qu'il paraissait dans les premiers momens de l'immersion, devient fort et précipité; la respiration est accélérée, difficile; le visage se colore fortement, une sueur abondante l'inonde; les vaisseaux du cerveau s'engorgent. Il est temps alors de faire sortir le malade du bain, si on ne veut point qu'il lui devienne funeste.

On ne peut indiquer ici rigoureusement quelle peut être la durée du bain chaud; il faut avant tout étudier l'idiosyncrasie du malade, examiner l'état de chaque fonction, de chaque organe.

On conçoit sans peine tout le parti qu'un praticien peut tirer d'un moyen si puissant, rendu encore plus énergique par tous les principes qui sont assimilés d'une manière si parfaite avec notre eau thermale.

Il est d'une nécessité absolue que le médecin suive lui-même les effets du bain chaud, car quelques minutes de plus pourraient occasionner de graves accidens.

La durée que l'on doit donner aux bains chauds

ne peut pas être indiquée d'une manière rigoureuse; elle dépend de l'état des forces, du tempérament, de l'âge, du sexe du malade; elle dépend encore plus de l'état de chaque fonction, de chaque organe.

ACTION DU BAIN SUR LA PEAU.

Si l'on réfléchit à la situation de cette vaste membrane, à son organisation toute vasculaire et nerveuse, à ses fonctions, on comprendra facilement le rôle immense qu'elle doit jouer dans les maladies. Organe très-sensible, il a les sympathies les plus multipliées avec toutes les parties du corps; organe excréteur, il est le siége de trois excrétions : la perspiration, l'excrétion de l'humeur sébacée et la sueur. Les deux premières fonctions sont continuelles; la dernière n'est qu'accidentelle, et n'est, pour ainsi dire, que l'exagération de la transpiration.

Comme agent de la perspiration, sa fonction est des plus importantes pour la vie et la santé : car elle est essentiellement dépuratrice et décomposante, et varie en besoin de la dépuration du sang, de la décomposition du corps et de la qualité du produit. Quoiqu'elle soit en solidarité d'action avec les autres excrétions, sa diminution et sa suppression peuvent être l'occasion de maladies dans différens systèmes d'organe, suivant que le transport d'action se fait par le système fibreux, musculaire, séreux, membraneux, etc.

Comme organe exhalant, la peau est doublement exposée à être contrariée dans l'exercice de cette fonction par les influences qu'elle reçoit des corps extérieurs, par celles qu'elle reçoit des autres organes du corps au moindre phénomène organique un peu intense, par suite des sympathies multipliées qui l'unissent à eux.

Le trouble de la perspiration et des autres fontions de la peau peuvent être et sont en effet la cause de beaucoup de maladies. Tout ce qui tendra donc à rappeler cette fonction supprimée, à la régulariser, deviendra très-utile comme moyen thérapeutique.

Ainsi l'eau thermale de Luxeuil, par sa seule action sur la peau, peut devenir une médication d'une haute importance. Elle agit alors soit en excitant les fonctions de cette membrane, soit comme excitant général, spécial, révulsif et spoliatif.

2.e OBSERVATION.

M.me M***, petite, brune, très-nerveuse, femme d'un confrère très-estimable du département de la Haute-Marne, vint à Luxeuil dans l'état le plus déplorable, par suite d'une affection des voies digestives. Sa maladie remontait à plusieurs années. Le traitement le plus rationnel et le mieux dirigé avait en vain été employé pendant longtemps; M.me M*** sentait ses forces décroître tous les jours, et tout faisait pressentir une funeste catastrophe, lorsqu'on se décida à l'envoyer aux eaux de Luxeuil. A son arrivée, la malade ne pouvait prendre le plus léger aliment sans éprouver d'horribles douleurs d'estomac, des éructations continuelles, de violentes coliques. Sa maigreur était extrême, sa faiblesse excessive; sa peau était terreuse, sèche, couleur jaune-paille; le pouls faible et petit; le ventre était gonflé, parsemé de nodosités très-distinctes au tact; il était aussi très-sensible à la pression, surtout dans la région épigastrique. Il y avait hypertrophie du foie, de la rate et du mésentère; la langue était molle, blanchâtre, humide, les papilles en étaient développées; les apophyses transverses des vertèbres dorsales, et surtout celles de 6, 7, 8, 9, étaient douloureuses à la pression. Le professeur Cruveilhier conseille dans ces cas l'application de cautères, de sétons au-dessus des parties douloureuses. Comme je voulais essayer la seule puissance de nos eaux, j'eus recours à leur emploi exclusif pour combattre cette grave affection. M.me M*** commença donc par prendre des bains d'un quart d'heure, à une température de 32 degrés centigrades; bientôt après, elle put y rester trois heures et plus, et prendre encore un bain d'une heure le soir, après une douche en arrosoir de quelques minutes. Sous l'influence de cette seule médication, continuée pendant trente-cinq jours, la malade vit renaître ses forces; sa peau transpira, prit une couleur normale; l'appétit se fit ressentir, les digestions devinrent meilleures; l'engorgement du foie, de la rate et du mésentère diminua considérablement, et M.me M*** s'en retourna dans l'état le plus satisfaisant. On donna d'abord pour boisson de l'eau savonneuse, puis de l'eau ferrugineuse coupée avec un sixième de vin de Bordeaux. Les alimens furent de facile digestion, et composés exclusivement de potages au gras et au maigre et de quelques viandes blanches.

Deux mois après, son mari m'écrivait que la santé de sa femme se soutenait, et qu'il était persuadé qu'une nouvelle saison la guérirait complètement.

L'état de faiblesse extrême de la malade ne me permettait pas l'emploi des dérivatifs puissans, encore moins l'usage des saignées locales : car je ne regardais l'hypertrophie des viscères contenus dans l'abdomen que comme une conséquence forcée de l'irritation chronique des voies digestives. Il s'agissait, suivant moi, de rétablir les fonctions de la peau, de stimuler doucement le système nerveux, pour favoriser l'absorption des fluides épanchés, et, par suite, leur élimination par les sécrétions : car l'inflammation amène non-seulement dans les tissus malades, mais encore dans les parties voisines, une fluxion sanguine, un épanchement de fluides qui rendent à peu près nulles les fonctions d'absorption et d'assimilation.

Le besoin des excitans se juge moins d'après les symptômes locaux que d'après l'état général. Ce n'est presque jamais au début des maladies que l'on a besoin d'eaux thermales; cependant, lorsque la peau a été frappée par un froid humide et prolongé, quand déjà quelques organes internes éprouvent les premiers effets d'une congestion qui deviendrait bientôt une inflammation violente, un bain très-chaud ou un bain de vapeur de notre eau thermale sont les moyens les plus puissans et les plus héroïques à opposer à cette concentration morbide.

3.e OBSERVATION.

M. R***, âgé de 41 ans, grand, bien constitué, d'un tempérament lymphatico-sanguin, adonné de trop bonne heure aux études longues et pénibles, et plus tard à des travaux excessifs de corps et d'esprit, est excessivement nerveux. Sa peau a l'habitude de beaucoup fonctionner; mais, comme la sensibilité de ses voies digestives est extrême, la moindre diminution dans les fonctions de la peau transporte l'action sur le tube intestinal. Le 20 janvier, après un refroidissement prolongé, M. *** se plaignit d'un malaise indéfinissable, de douleurs contusives dans les articulations; le pouls était faible et concentré, le malade était en proie à tous les symptômes de la fièvre algide, le ventre était douloureux, lorsqu'on le mit dans le bain à 50° centigrades, la température de l'atmosphère étant à 10° au-dessous de zéro. Pendant les cinq premières minutes, M. R*** ne sentait pas la haute température de l'eau, tout son corps continuait à frissonner; cependant, quelques minutes après, le plus grand calme survint, le pouls s'éleva, la tête cessa d'être douloureuse, le ventre ne fut plus sensible, et, après quinze minutes de ce bain, M. *** sortit parfaitement rétabli d'une indisposition qui s'annonçait d'une manière si alarmante.

L'observation que je viens de citer démontre combien l'actualité du malade est puissante dans la réussite du traitement à employer. M. R***, dans son état normal, ne peut prendre des bains plus chauds que 32 degrés centigrades sans éprouver de fortes palpitations et beaucoup de malaise; comment alors supporterait-il, sans de très-graves accidens dans la circulation, la haute température à laquelle il a été soumis? et cependant c'est à peine s'il en ressentait l'influence au bout d'un quart d'heure de durée.

Ainsi, dans tous les cas d'atonie qui ne sont point le résultat d'affection inflammatoire de quelques viscères, les bains chauds d'eau thermale, en augmentant les forces vitales de la peau, en stimulant l'organisme, rétablissent les fonctions.

Les bains d'eau thermale de Luxeuil sont donc sudorifiques, puisqu'ils amènent les fluides du centre à la circonférence; et, quoique leur position, ainsi que celle de Bourbonne et de Bains, soit moins élevée au-dessus du niveau de la mer que celle de Plombières et du Mont-d'Or, ils n'en guérissent pas moins, autant que ces deux établissemens, les rhumatismes, et les affections qui dépendent de l'irrégularité de la transpiration et de la diminution de l'énergie vitale de la peau. Les variations de température étant moins fréquentes à Luxeuil, les malades y sont aussi moins exposés au retour de ces mêmes affections.

Lorsqu'il s'agit de produire une fièvre éphémère pour combattre un principe morbide vague et fixé dans l'économie par des racines peu profondes, les bains chauds, les étuves et les douches sont employés avec le plus grand succès. Il en est de même des cas où l'incitabilité a été usée par l'excès d'irritation, par la douleur; l'absorption des fluides ne pourra avoir lieu que si l'on parvient à exciter les propriétés vitales de la partie malade; cependant, il faut prendre garde, en donnant lieu à ce mouvement intestin, de ne pas occasionner de plus graves accidens locaux ou généraux que ceux que l'on voudrait combattre. Il est donc nécessaire de bien apprécier les cas dans lesquels on peut exciter le systême nerveux et, par suite, tout l'organisme.

On conçoit combien il importe, ainsi que je l'ai déjà dit, que le médecin observe lui-même sur le malade le degré d'excitation des bains pour être à même de le diminuer ou de l'augmenter à son gré, suivant les mille circonstances qui peuvent avoir lieu ou survenir pendant son usage.

4.e OBSERVATION.

SCIATIQUE.

M. R***, de Vauvillers, âgé de 47 ans, d'un tempérament sanguin, d'une constitution athlétique, était atteint d'une sciatique très-douloureuse, que l'on avait combattue par des bains domestiques, de très-fortes saignées locales, et par des applications de sels de morphine employées par la méthode endermique. Ce traitement, continué avec persévérance, avait un peu calmé les douleurs; mais l'appétit s'était perdu, les digestions étaient devenues pénibles, et le malade sentait décroître son énergique constitution. Il cessa le traitement indiqué, et vit bientôt reparaître toutes ses douleurs. Ce fut alors qu'il vint à Luxeuil. Il était faible et décoloré; le membre malade avait diminué de volume; le trajet du nerf était très-sensible à la pression. Les bains tempérés, prolongés pendant trois et quatre heures, n'amenant aucun soulagement, le malade prit des bains à haute température, des douches d'une très-grande élévation et de cinq quarts d'heure de durée. Après un mois de cette médication puissante, continuée avec courage malgré une plus grande intensité dans les douleurs, M. R*** partit de Luxeuil désespérant de sa guérison; et cependant un mois ne s'était pas écoulé depuis son retour dans sa famille, qu'il était parfaitement rétabli, et sans aucune rechute, malgré ses imprudences journalières.

Cette médication était excessivement énergique, et pouvait exciter les propriétés vitales de la partie au point de donner lieu à de graves accidens; mais je n'ai point été le maître d'en graduer les doses, et une guérison solide a été le résultat de cette audacieuse entreprise. Cette observation ne doit point servir d'exemple; mais on la cite pour prouver jusqu'à quel point une bonne organisation peut pousser impunément l'abus des excitans.

5.e OBSERVATION.

DOULEURS RHUMATISMALES ERRATIQUES.

M. L. P***, négociant en vins à Lyon, est, par la nature de son commerce de détail, dans l'obligation de passer continuellement d'une température élevée à une température opposée. Cette alternative de chaleur et de froid finit par lui donner des douleurs arthritiques erratiques, qui se promenaient dans toutes les articulations des membres pelviens. Tout-à-coup les extrémités inférieures cessèrent d'être douloureuses, et les voies gastriques devinrent le siége d'une foule de malaises, qui n'arrêtèrent point d'abord le malade dans l'accomplissement de ses fonctions habituelles. Cependant la maladie continuant à s'aggraver, M. L. P*** se soumit à l'investigation d'un médecin-praticien, qui reconnut les circonstances suivantes : Langue très-rouge, avec un grand nombre de petites taches blanches ayant assez de ressemblance avec des aphtes qui sont à leur période de résolution; point ou presque point de soif, ni de gêne dans la déglutition; douleurs à l'épigastre, augmentées par la pression de cette partie, et s'étendant principalement sur tout le côté droit de l'abdomen; cette cavité, explorée avec soin, ne présentait aucune trace de tumeur profonde, ni d'engorgement du foie ou des autres viscères qu'elle renferme. Le pouls a toujours été régulier et plein à l'époque où tous les symptômes étaient au *summum* d'intensité; les émissions sanguines générales, les sangsues à l'anus, sur l'abdomen, les antiphlogistiques sous toutes les formes et par toutes les voies, ont été employés d'abord contre cet état pathologique; plus tard, on eut recours aux rubéfians, aux vésicans, et enfin un cautère fut établi sur la cuisse droite. Sous l'influence de ces moyens variés, l'état du malade s'était un peu amélioré; mais, plus tard, l'irritation s'étant renouvelée et propagée au péritoine, le malade fut atteint d'œdème aux jambes, d'empâtement des tégumens du bas-ventre, avec diminution notable dans la sécrétion des reins. Cette nouvelle complication céda facilement à l'usage d'une boisson légèrement diurétique.

Ce fut alors que le docteur Levrat, médecin de l'Antiquaille de Lyon, prescrivit au malade l'emploi des eaux de Luxeuil. Après l'usage de quelques bains tempérés, je lui fis donner des douches sur tout le corps, et principalement sur les extrémités inférieures ; ce moyen était secondé par l'usage des eaux et des bains de la source du Bain des Dames. Les premières douches et les premiers bains chauds exaspérèrent les douleurs; mais bientôt après elles diminuèrent, et le malade était dans un état très-satisfaisant lorsqu'il partit, après vingt-cinq jours de séjour. Je ne doute pas qu'il ne soit parfaitement guéri maintenant.

DES BAINS TEMPÉRÉS.

Les bains tempérés se préparent, dans l'établissement de Luxeuil, en laissant arriver lentement l'eau thermale dans un bassin qui a une capacité donnée, ou en se servant d'une eau déjà moins chaude par son mélange dans le sein de la terre avec les eaux froides qu'elle peut y rencontrer.

Employée en bains tempérés, l'eau thermale est sédative, par suite de son absorption, de son imbibition à travers le tissu de la peau; elle agit en produisant une véritable sédation nerveuse. Son action principale porte donc sur la peau et sur les houpes nerveuses qui en font partie, et d'où elle s'étend à l'intérieur; c'est donc à la sensation perçue par cette membrane qu'on doit en rapporter les effets. Cependant, comme je l'ai déjà dit, l'absorption de l'eau et des principes qu'elle renferme y entre aussi pour quelque chose.

Les bains tempérés conviennent à toutes les personnes nerveuses et irritables, à celles qui sont d'une constitution bilieuse. Ils doivent être employés de préférence aux bains chauds dans tous les cas où il s'agit de détendre, d'assouplir, de calmer les douleurs, de *consoler les nerfs*, de s'opposer aux spasmes; dans tous les cas, enfin, où l'application du calorique déterminerait une excitation telle que les malades ne la supporteraient pas ou en éprouveraient des effets plus ou moins fâcheux.

Ces bains stimulent légèrement la peau, la détergent, dilatent les différens ordres de vaisseaux qui la pénètrent ou dont elle est composée. Leur usage est donc très-favorable dans beaucoup de circonstances.

6.e OBSERVATION.

GASTRALGIE ET NÉVROSES DE DIFFÉRENS APPAREILS.

M. L***, sous-lieutenant, âgé de 28 ans, petit, brun, bien constitué, d'un tempérament bilieux, nerveux à l'excès, eut une affection vénérienne qui fut combattue par le mercure à l'intérieur. Le sublimé-corrosif déterminant une trop grande irritation sur le tube intestinal, on eut recours à toutes les autres préparations hydrargiques, qui ne furent pas mieux supportées; il en fut de même des sels d'or. Chaque fois que le traitement était repris, l'irritation des voies digestives prenait un tel degré d'acuité, qu'on était obligé de cesser toute médication. Cependant, comme le malade séjourna plusieurs mois dans divers hôpitaux, chaque médecin essaya sa médication particulière, et M. L*** finit par consommer une assez grande quantité de mercure et d'oxide d'or. L'affection vénérienne avait disparu, mais le malade était dans un état de cachexie scorbutique; il était en proie à une iritis excessivement douloureuse, qu'aucun remède n'avait pu faire disparaître ; le tube digestif était le siége d'un désordre d'innervation considérable; le développement des papilles de sa langue, sa peau plombée, sa face grippée annonçaient la souffrance du tube intestinal. Il ne pouvait rien digérer sans douleur, ses selles étaient liquides, la pupille était excessivement resserrée, ses yeux très-rouges ne pouvaient supporter la lumière que sous des verres bleus très-épais; les extrémités inférieures étaient œdématisées. Je regardai cet état comme le résultat de l'absorption du mercure et de son action toxique sur un estomac trop irritable, effet qui, en empêchant les fonctions de cet organe, avait amené l'appauvrissement du sang : l'irritabilité nerveuse du malade était une conséquence naturelle de tous ces désordres.

Pendant les premiers jours de son arrivée à Luxeuil, M. L*** prit des bains tempérés, ne mangea que quelques potages, et n'eut pour unique boisson que l'eau si pure de la fontaine de M. Martin. Il remplaça bientôt ce premier régime par un autre plus analeptique, et par l'usage de l'eau ferrugineuse coupée avec son vin.

Sous l'influence de ce simple traitement, aidé de quelques douches écossaises et des moyens hygiéniques si salutaires aux personnes du tempérament du malade, M. L*** vit disparaître successivement son ophtalmie chronique, son iritis et tous les désordres de l'appareil digestif, et retourna à son régiment dans un état de santé très-satisfaisant.

7.e OBSERVATION.

RHUMATISME AIGU.

M. de la B***, colonel de gendarmerie, vint à Luxeuil pour combattre des douleurs articulaires chroniques qui avaient résisté à un traitement très-actif employé contre un rhumatisme aigu. Il passait trois et quatre heures par jour dans un bain tempéré. Ce traitement lui fut si salutaire que les douleurs disparurent complètement, et qu'après une saison et demie, M. *** put partir dans un état de santé parfait.

Je pourrais citer mille autres exemples de guérison due à la vertu bienfaisante de nos eaux tempérées; mais j'aurais aussi à constater quelques insuccès, soit qu'ils fussent dus à l'insuffisance des moyens dont nous pouvions alors disposer, soit que les maladies eussent été réfractaires à leurs effets.

La durée des bains tempérés n'est pas la même partout. A Barèges, elle n'est que d'une heure, tandis qu'à Plombières, à Bains, à Luxeuil, les bains se prolongent pendant deux heures et plus.

Il y a peu de temps encore que, dans beaucoup d'établissemens thermaux, on avait proscrit les bains chauds, et qu'on ne voulait plus que *grenouiller* dans les bains tempérés. Quelques accidens survenus par suite de bains chauds mal administrés, semblaient motiver jusqu'à un certain point cette mesure; mais les médecins sentirent bientôt l'inconvénient d'une méthode exclusive qui laissait tout faire à la minéralisation des sources, et annulait les bienfaits de la révulsion puissante et tous les effets du calorique, de l'électricité et des gaz thermaux.

Ils revinrent à l'emploi des bains chauds dans beaucoup de circonstances, tandis qu'à Luxeuil on continua à les proscrire, ou du moins on rendit inutiles ses piscines à haute température, si utiles dans une foule d'affections diverses. Ainsi l'habitude des bains chauds tomba dans un tel état de désuétude, qu'on finit par croire que les eaux de Luxeuil n'étaient que tempérées. Aussi leur antique renommée suivit-elle la marche décroissante *présumée* de leur température.

On trouvait autrefois dans l'établissement de Luxeuil, outre les bassins tempérés, trois autres bassins du milieu desquels sourdait l'eau thermale à la température de quarante à quarante-six degrés centigrades; maintenant il ne reste plus que le Bain des Dames, qui même est destiné à un autre usage.

Les observations suivantes d'un médecin qui nous a précédé prouvent d'une manière irréfragable que l'on obtenait alors des bains chauds de Luxeuil des effets aussi merveilleux que ceux que l'on obtient maintenant du fameux Bain de César, au Mont-d'Or.

8.e **OBSERVATION** (par le D.r CHAMPION).

PARALYSIE GÉNÉRALE.

Le nommé Ferrand, pontonnier au 4.e bataillon de sapeurs, natif de Paris, âgé de 32 ans, d'un tempérament sanguin, était affecté de paralysie universelle depuis huit mois, à la suite d'un traitement antivénérien, pour s'être mis en marche par un très-grand froid. Il avait été traité sans succès dans les hôpitaux de Cambrai, de Bains et de Besançon. Arrivé à Luxeuil, je lui prescrivis les bains tempérés, qui ne lui procurèrent aucune amélioration. Je le mis alors à l'usage des bains chauds. Au huitième, il éprouva un soulagement marqué, qui alla toujours en augmentant jusqu'au point qu'il put aller aux bains sans voiture et sans appui. Il fut purgé à cette époque avec un apozème sudorifique et cathartique; les digestions se rétablirent; peu de jours après, il put se promener, et ses bras commencèrent à reprendre de la sensibiltié et du mouvement; enfin, au vingt-cinquième bain, il pouvait courir, et commençait à travailler de son état de graveur. Après avoir pris deux saisons en boissons, bains et douches, il fut en état de se livrer à toute espèce d'exercices, de graver parfaitement bien, et de rejoindre à pied un dépôt à Besançon.

9.e **OBSERVATION** (par le même).

PARALYSIE DES EXTRÉMITÉS INFÉRIEURES, SUITE DE GALE RÉPERCUTÉE.

Le nommé Claude Bonpart, natif de Berteney, département de la Haute-Marne, fusilier dans la 109.e demi-brigade, fut affecté de paralysie des extrémités inférieures, suite de gale répercutée : depuis vingt mois, il avait fait usage des eaux de Bourbonne sans succès. Arrivé à Luxeuil, il prit quinze bains à 27 degrés Réaumur sans soulagement marqué; mais une saison et demie de bains à haute température et de douches ont appelé l'éruption psorique, qui a été traitée par les moyens ordinaires; et, au bout de quarante jours, le malade a pu être envoyé au dépôt, quoique faible encore, mais entièrement guéri de sa paralysie.

10.e **OBSERVATION** (par le même).

PARALYSIE ACCIDENTELLE.

Le nommé Antoine Bergent, natif de Gray-la-Ville, département de la Haute-Saône, sergent dans la 29.e demi-brigade, devint paralysé des extrémités inférieures par suite d'une chute grave. Il était depuis quatre ans dans cet état lorsqu'il vint prendre les eaux de Luxeuil. Après deux saisons de leur usage, il put rejoindre son corps à pied.

On remarquera que toutes les observations que je présente ici pour démontrer l'efficacité de nos eaux sont dégagées de tous moyens accessoires, et que le docteur Champion a négligé, comme moi, de rapporter tous les cas de guérisons opérées par un traitement composé. Ce n'est que de cette manière que l'on pourra rendre efficace le projet qu'a le Gouvernement d'avoir une bonne histoire de chaque eau thermale.

DEMI-BAINS.

Les demi-bains d'eau thermale sont employés lorsque les membres sont seuls malades, ou lorsqu'on redoute quelque accident vers la tête ou vers la poitrine. On les prescrit ordinairement à une température assez élevée; cependant, trop chauds, ils déterminent souvent l'effet que l'on veut combattre par leur emploi.

DE LA DOUCHE.

La douche est une colonne d'eau plus ou moins grosse, plus ou moins serrée, plus ou moins élevée en température, que l'on dirige sur un point quelconque du corps. La douche est d'autant plus forte que le réservoir en est plus élevé.

La douche prend différens noms, suivant la direction qu'on lui donne. Ainsi il y a des douches ascendantes, descendantes et latérales. La douche ascendante se divise en douche vaginale et douche rectale; on divise aussi la douche descendante en douches en colonnes serrées, en arrosoir, et en douche écossaise.

DE LA DOUCHE DESCENDANTE.

La température des douches varie comme celle des bains; leur durée dépend de l'irritabilité du malade, du lieu qui est soumis à son action, etc. On ne commence à prendre la douche que lorsqu'on a pris quelques bains tempérés. Les premières ne sont que de quelques minutes; ce n'est que lentement que l'on en porte la durée jusqu'à une demi-heure. Passé ce temps, elles peuvent occasionner de graves accidens locaux ou généraux. Les individus faibles doivent les prendre avec beaucoup de modération. Nous avons à Luxeuil des douches d'une très-grande puissance par leur volume, leur hauteur et leur température.

Toutes les fois qu'il s'agira de stimuler le système nerveux et de susciter une sorte de fièvre vasculaire nécessaire à l'absorption des fluides épanchés, on obtiendra de la douche un excellent effet; mais, si la douche est trop forte, l'ébranlement qu'elle produit peut rendre l'inflammation plus intense, et amener une désorganisation au lieu de la résorption que l'on attendait.

Le point sur lequel doit porter la douche doit varier suivant l'effet que l'on veut obtenir; elle peut être donnée sur toutes les parties du corps, excepté sur la tête : c'est au médecin du malade à diriger le traitement suivant les symptômes qui se présentent.

11.e OBSERVATION.

HÉMIPLÉGIE, SUITE D'APOPLEXIE.

M. V***, de Paris, tempérament sanguin, âgé de 56 ans, fut envoyé aux eaux de Luxeuil, pour combattre, par leur usage, les effets consécutifs de trois attaques d'apoplexie presque successives. Naturellement triste, irascible, le malade avait eu sa première attaque à la suite d'une vive affection morale; deux autres attaques étaient venues successivement augmenter les accidens. Cependant, malgré le traitement le plus énergique, le mieux dirigé, l'épanchement cérébral avait été si considérable, que le malade était resté paralysé de la langue et de tout le côté gauche.

M. V***, quoique saigné quelques jours avant son départ de Paris, avait à son arrivée le pouls gros et plein, les battemens du cœur tumultueux, la face colorée. Je pratiquai une forte saignée, et mis le malade à l'usage de quelques demi-bains tièdes, puis aux douches sur la colonne vertébrale et sur les extrémités inférieures. Des compresses d'eau froide étaient sans cesse tenues sur le front pendant la douche, dont la durée n'a pas dépassé un quart d'heure. L'amélioration prit d'abord un accroissement rapide, et puis, tout-à-coup, devint stationnaire. Les douches furent suspendues ; une forte application de sangsues fut faite à l'anus, et, quelques jours après, on reprit le traitement; mais cette fois le mieux se dessina faiblement. Lorsque le malade partit pour Paris, ses mouvemens étaient beaucoup plus libres, sa parole plus nette. J'ai tout lieu de croire que le mieux augmentera encore, si M. V*** abandonne pour toujours son goût pour les plaisirs de la table, et s'il ne néglige pas de se faire saigner de temps en temps.

12.e OBSERVATION.

HÉMIPLÉGIE ACCIDENTELLE.

M. N***, de Beaune, âgé de 12 ans, ressentit plusieurs jours de suite, étant à l'école, un courant d'air froid qui lui venait d'une porte mal close. Bientôt après il s'aperçut d'un affaiblissement considérable de l'innervation dans toute la partie exposée à l'air : il était paralysé de tout un côté du corps ; cet enfant jouissait d'ailleurs d'une excellente constitution. Divers moyens tant externes qu'internes furent employés par un confrère très-distingué, M. le docteur Bard, de l'Académie royale de médecine. On fit surtout usage des douches hydro-sulfureuses prises sur place; mais, comme le traitement était insuffisant, le malade me fut adressé. Je le mis immédiatement à l'usage des douches fortes et prolongées sur le rachis, l'épaule, la hanche du côté faible, et même sur tout le corps. Un mois après, le charmant petit garçon gambadait de telle sorte qu'il eût été difficile de dire quel avait été le côté paralysé.

DE LA DOUCHE INTESTINALE ET VAGINALE.

La douche ascendante intestinale et les lavemens à l'eau du bassin des Cuvettes sont employés, comme je l'ai dit ailleurs, avec le plus grand succès dans les hémorroïdes, le prolapsus de la muqueuse intestinale, dans l'inertie du rectum, et dans les irritations chroniques des voies digestives; quelques malades même en font la base de leur traitement.

La douche vaginale, comme on l'emploie presque partout, est plutôt nuisible qu'utile; elle donne presque toujours lieu à une plus grande irritation du col de l'utérus, bientôt suivie de douleurs dans les lombes, dans le ventre, au devant des cuisses. Elle peut donc occasionner de graves accidens qui tiennent plutôt à la force du jet, à la chaleur du liquide, qu'à sa minéralisation.

J'ai évité tous ces graves inconvéniens en employant un appareil particulier qui ne permet qu'une irrigation continue d'un liquide à une température de 30 à 32 degrés centigrades, température que l'on peut même baisser à volonté. Au moyen de cet appareil, placé au n.° 7 du Bain-Gradué, j'ai guéri ou amendé différentes irritations de la muqueuse vaginale et du col de l'utérus. L'eau qui sert à cet usage, charrie continuellement une très-grande quantité d'une espèce de conferve d'une couleur jaunâtre et d'une odeur de matière animale.

13.e OBSERVATION.

LEUCORRHÉE CHRONIQUE.

M.lle G***, âgée de 30 ans, faible, nerveuse à l'excès, était atteinte, depuis plusieurs années, d'une leucorrhée si abondante, qu'elle excoriait les parties génitales; sa figure était pâle, grippée, le ventre très-sensible; des douleurs d'estomac atroces et continuelles ne lui permettaient pas de satisfaire à la faim boulimique qui la tourmentait, ou, si elle cédait à ce besoin, des souffrances plus intolérables la faisaient bientôt repentir de ses essais. Tous les symptômes nerveux les plus disparates venaient encore compliquer sa cruelle situation; sa maigreur était grande; une odeur fétide, nauséabonde, l'enveloppait. M.lle *** fut soumise immédiatement à l'usage des irrigations vaginales dont je viens de parler. Pendant leur emploi, elle était placée dans un bain à la température de 32 degrés centigrades. Les premières douches furent d'un quart d'heure, bientôt la malade les continua pendant tout le temps qu'elle restait dans son bain, en ayant soin de les suspendre de temps en temps, pendant quelques minutes : quarante jours de ce traitement, aidé de mes préparations ferrugineuses, firent des merveilles; l'écoulement leucorrhoïque se tarit, les douleurs de ventre cessèrent, les digestions se firent sans douleurs, les menstrues furent moins abondantes et moins séreuses ; M.lle *** reprit de l'embonpoint, et son rétablissement fut complet. Je conseillai la continuation des préparations ferrugineuses pendant quelque temps encore, ainsi qu'un régime analeptique, si on ne voulait pas voir revenir les mêmes désordres dans la santé.

Soit que l'on considère la leucorrhée comme cause ou comme effet, sa continuité amène presque toujours une partie des désordres dont je viens de parler; mais on n'est pas toujours aussi heureux dans le résultat du traitement.

Plusieurs malades ne trouvèrent aucun soulagement dans les irrigations ; elles ne produisirent sur elles aucun effet, soit qu'elles ne fussent pas continuées assez longtemps, soit que l'irritation du col nécessitât un traitement différent.

DE LA DOUCHE ÉCOSSAISE.

La douche écossaise, nouvellement introduite dans les établissemens d'eaux thermales par le docteur Turk, agit principalement par les brusques alternatives avec lesquelles l'eau, tantôt froide, tantôt chaude, frappe sur le corps; ce moyen a quelque analogie d'action avec le bain russe. Il a pour effet de rendre au systême nerveux cérébro-spinal et ganglionnaire, l'aptitude à influencer les autres élémens organiques, et suscite ainsi une fièvre vasculaire très-avantageuse dans les maladies nerveuses et dans tous les cas de débilité générale; « le sang est le consolateur des nerfs », a dit Sydenham.

Comme la douche écossaise, ainsi que le massage, les différentes percussions de la peau, les ventouses sèches, ne sont que des moyens auxiliaires et indépendans des eaux thermales, je ne les mentionne ici que pour faire connaître qu'on les applique dans les cas nécessaires aussi bien à Luxeuil que dans les autres établissemens thermaux : il en est de même des bains composés.

DES ÉTUVES.

Les bains de vapeur agissent par le calorique et les gaz qui s'échappent des sources. Combinés avec de l'eau en vapeur, ils excitent vivement la peau et déterminent une transpiration abondante et une augmentation considérable de toutes ses sécrétions. Leurs effets sont presque semblables à ceux du bain chaud ; cependant on supporte plus facilement une température élevée dans l'étuve que dans le bain chaud, à cause de la différence de pression et de densité du milieu dans lequel on se trouve.

Les bains de vapeur peuvent donc être prescrits avec avantage dans beaucoup de cas où les bains chauds conviennent.

On ne doit faire usage de l'étuve qu'après avoir habitué le corps à l'action des eaux; leur durée varie depuis dix minutes jusqu'à une demi-heure.

Les deux étuves de Luxeuil sont immédiatement placées au-dessus des sources dont la température est de 55 et 56 degrés centigrades. Autrefois la tête et le corps y étaient plongés dans la vapeur : maintenant le malade a la tête hors de l'appareil, et les congestions cérébrales y sont moins à craindre.

On conçoit très bien que si les étuves agissent à la manière des bains chauds, on doit prendre, pour leur usage, les mêmes précautions que pour ces derniers.

14.e OBSERVATION.

RHUMATISME AIGU.

M.me M***, du Tillot, fut atteinte d'un rhumatisme aigu, par suite d'un refroidissement qui occasionna une suppression laiteuse que rien ne put rétablir. Lorsque la malade arriva à Luxeuil, elle avait toutes les articulations gonflées, douloureuses; je conseillai les bains de vapeur alternés avec les bains tempérés. Bientôt, sous l'influence de cette médication, rendue plus active par la boisson de notre eau thermale, M.me M*** vit cesser ses douleurs, ses articulations revinrent à l'état normal, et, quoique la saison eût été interrompue par des affaires de famille, la malade put quitter Luxeuil dans un très-bon état de santé.

Les rhumatismes chroniques, sur lesquels nos eaux thermales ont une si puissante influence, ne cèdent pas toujours à leur emploi. Nous en avons eu cette année un exemple des plus remarquables.

15.e OBSERVATION.

RHUMATISME AIGU.

M. K***, âgé de 30 ans, grand, mince, sanguin,

très-nerveux, directeur alors d'une filature, fut obligé, pendant un hiver rigoureux, voulant montrer l'exemple aux ouvriers, de se jeter dans un canal pour y briser les glaces qui se trouvaient devant la roue de la mécanique et en gênaient l'action. Ce travail étant difficile et cependant d'une nécessité absolue à cause du dommage qui pouvait en résulter, M. K*** resta longtemps dans cette eau glacée : aucun phénomène apparent ne put lui faire soupçonner, dans les premiers jours qui suivirent cet accident, que sa santé allait recevoir une rude atteinte; cependant des douleurs se manifestèrent lentement, d'abord dans quelques articulations, puis bientôt après toutes furent envahies. On combattit cette grave affection par le traitement antiphlogistique le plus actif, puis par tous les autres moyens conseillés contre elle. Le malade, d'un courage et d'une patience inébranlables, se résigna à toutes les privations, supporta, sans sourciller, tout l'appareil des moyens médicaux imaginables; ce fut inutilement : les douleurs cessaient, ou plutôt diminuaient momentanément pour reparaître avec plus de violence. Ce fut alors que M. K*** vint à Luxeuil. Les bains tempérés, les bains chauds, les bains de vapeur, puis après, les bains et les boissons alcalines, n'eurent pas plus de succès que tous les autres traitemens auxquels il s'était déjà soumis. Le malade partit découragé, mais cependant tout disposé à employer encore les préparations narcotiques intérieurement et extérieurement, d'après l'avis du D.r Le Blond de Beaucourt et de moi. Depuis, je n'ai plus eu de ses nouvelles.

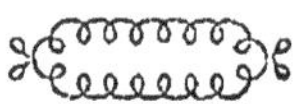

DES PROPRIÉTÉS PHYSIQUES, CHIMIQUES ET MÉDICINALES DES BOUES DES SOURCES THERMALES DE LUXEUIL.

Le Grand-Bain fournit à sa source un dépôt limoneux très-fin, de couleur grisâtre, onctueux, que M. Champion, de Nancy, dit avoir employé avec le plus grand succès sur les plaies et les ulcères de toute espèce, sur les tumeurs des glandes, sur les dépôts froids des articulations; en un mot, partout où il a été besoin de résoudre et de fortifier. Il cite des observations très nombreuses et très-curieuses sur les effets de ce moyen employé seul, ou mélangé avec une partie de sulfure alcalin. Il a guéri par son usage des gales invétérées, la dartre rongeante, les scrofules, les écoulemens purulens, les gouttes-roses, les chancres, les cancers au visage et au sein, les ulcères anciens, les chancres vénériens, et la teigne.

Toutes ces observations, citées par un médecin d'expérience et de bonne foi, acquièrent encore un nouveau degré de confiance lorsqu'on examine la composition chimique de ce dépôt, d'après l'analyse faite en 1823 par M. Braconnot.

Sable quartzeux	1, 00
— baryte	0, 09
— oxide de fer	0, 13
— peroxide de manganèse	0, 70
— alumine	0, 08
Matière organique	0, 80
	2, 80

Les symptômes que ce mélange occasionne dépendent en partie de son action locale, mais principalement de l'influence qu'il exerce sur le système nerveux, après avoir été absorbé, influence qui fait dire à M. Champion que ce médicament a de l'analogie, dans son application, avec les phénomènes galvaniques observés dans l'homme.

Les auteurs de matière médicale disent que la baryte est utile, à très-petite dose, dans les maladies scrofuleuses, les engorgemens des viscères et des glandes lymphatiques, les affections squirreuses; toutes les observations de M. Champion, qui ignorait la composition du médicament qu'il employait, se rapportent parfaitement à ce que l'on dit des effets de la baryte sur le corps humain.

Je répète dans ce moment une partie des expériences du docteur Champion, pour en publier plus tard les observations.

16.e OBSERVATION (de M. CHAMPION).

SCROFULES.

Le nommé Léopold Marc, de Maxeville, près de Nancy, âgé de 22 ans, était affecté depuis douze ans d'ulcères écrouelleux au visage, qui lui occupaient toute la face du côté gauche. Il y avait plusieurs ulcères profonds qui s'étendaient depuis le nez jusqu'à l'oreille inclusivement, et présentaient un aspect hideux.

Il me fut adressé par des personnes charitables, et je me décidai à l'entreprendre. Le foyer de suppuration était si grand et fournissait si abondamment une matière visqueuse et caillée, que je ne crus pas devoir insister sur la suppuration;

mais il me vint en pensée de lui donner la gale à la tête, afin d'opérer la dérivation d'une partie de cette humeur qui fournissait les ulcères. Ce moyen me réussit, et, quelques jours après, je commençai à appliquer des couches légères de pommade minérale d'abord sur les sillons les plus saillans des ulcères, et ensuite, par degrés, sur les ulcères mêmes. J'employai en même temps un traitement dépuratif antiscorbutique réuni à l'usage des purgatifs fondans placés à des intervalles convenables. La guérison a été complète après trois mois de traitement; mais, s'étant livré pendant l'hiver à tous les travaux de la campagne sans se garantir le visage, il lui était survenu quelques croûtes isolées, que j'ai guéries facilement le printemps suivant par les mêmes moyens.

17.e OBSERVATION.

AFFÉCTION SCROFULEUSE.

Cette observation fort remarquable me donna l'idée d'essayer le dépôt de nos sources dans un autre cas d'affection scrofuleuse.

La fille ***, de V..., âgée de 12 ans, avait un long ulcère scrofuleux sur le larynx, avec des pustules et des glandes engorgées. La pommade minérale a encore ici été employée avec le plus grand succès. La malade a été guérie complètement dans l'espace de deux mois : car la guérison de l'ulcération a ramené les glandes à leur volume normal.

Je poursuis dans ce moment, avec beaucoup d'intérêt, une série d'expériences sur l'emploi médical de notre boue minérale ; j'en publierai plus tard les résultats. Ce n'est que depuis peu de temps seulement que j'ai eu connaissance des notes manuscrites de M. Champion sur l'emploi des eaux minérales de Luxeuil. Je regrette qu'elles n'aient pas plus tôt été connues du public ; elles ne pouvaient qu'augmenter la réputation de nos sources.

RÉSUMÉ.

Les eaux de Luxeuil sont situées à l'est de la France. La position de cette ville est des plus agréables ; on y trouve réunis les sites les plus variés. La température y est douce en été, et on n'a pas à y redouter, comme dans quelques établissemens thermaux, les brusques transitions de l'atmosphère. Luxeuil est traversé par cinq grandes routes, qui en rendent les communications extrêmement faciles.

L'établissement thermal est un des plus beaux de la France ; sa position y permet toute l'extension que l'on pourrait désirer. Les eaux y sont abondantes, et leur analyse, jusqu'ici incomplète, vient d'être faite par un des meilleurs chimistes de France, M. Braconnot, de Nancy. Cette analyse démontre la présence de onze principes constitutifs, sans y comprendre le calorique, les gaz et l'électricité. Le degré de chaleur des sources varie de 30 à 56 degrés centigrades; leur minéralisation n'est pas non plus la même. Cette différence de température et de minéralisation fait que nos eaux conviennent à toutes les constitutions et à tous les tempéramens. Les plus minéralisées ont quatre fois autant de principes que celles de Plombières (1) ; celles qui le sont le

(1) En publiant le tableau comparatif des sources thermales de Luxeuil et de Plombières, je désirais présenter leur analyse faite par le même chimiste. J'ai écrit à ce sujet à M. Braconnot. Voici sa réponse :

« *Nancy*, *le* 21 *janvier* 1838.

» Monsieur,

» En relisant l'analyse de l'eau de Plombières par Vauquelin, je me suis assuré des soins que ce célèbre chimiste a pris pour donner à son travail toute la perfection désirable : aussi je ne

moins le sont encore plus que ces dernières. Le gaz qui s'en échappe est du gaz azote pur.

Depuis quelque temps, les médecins près l'établissement de Luxeuil, ayant une confiance absolue dans les principes dont ses caux sont composées, ont pensé qu'il était inutile de les employer comme autrefois à une haute température soit en boissons, soit en bains. Ils se sont ainsi privés, dans beaucoup de circonstances,

crois pas que de nouvelles recherches conduiraient à des résultats plus exacts. Sans doute, on ne pourrait pas en dire autant de l'analyse de l'eau de Luxeuil par le même chimiste : car on ne voit que trop qu'il n'y a pas apporté la même exactitude, puisqu'il a négligé de déterminer la quantité de sulfate de soude, ce qui lui était pourtant bien facile. Au surplus, d'après ses données et les miennes, il est incontestable que l'eau de Luxeuil du Grand-Bain, etc., contient plus de trois fois autant de substances minéralisantes que l'eau de Plombières, puisque celle-ci fournit par litre 0,349 grammes de résidu sec, tandis que celle de Luxeuil en produit 1,1130 grammes; toutefois, il faut convenir que cette dernière eau renferme moins de carbonate de soude, comme d'ailleurs on peut s'en convaincre en jetant les yeux sur le tableau présenté par M. Jaquot. Vous êtes plus à même que moi, Monsieur, d'apprécier si le mélange de l'eau ferrugineuse avec l'eau du Grand-Bain doit produire une médication analogue à celle opérée par les eaux de Tœplitz; cependant je crois devoir vous faire observer que ces dernières contiennent une bien plus grande quantité de carbonate de soude que celles de Plombières et de Luxeuil, puisque cette quantité s'élève à 0,348 grammes par litre. Mais faut-il donc attribuer seulement à ce sel les médications remarquables qu'on a cru observer à certaines eaux minérales? Je ne le pense pas.

» Agréez, etc.

» BRACONNOT. »

d'un puissant moyen médical, et ont fait dire que, si les eaux de Luxeuil n'étaient quelquefois pas utiles, elles n'étaient jamais nuisibles, assertion dont se sont habilement servis les autres établissemens thermaux.

On procède dans ce moment à la reconstruction des piscines à haute température qui ont produit de si admirables effets entre les mains des anciens médecins de Luxeuil.

Les eaux thermales sont contraires aux maladies aiguës, mais elles conviennent à beaucoup de maladies chroniques. Employées en bains ou en boissons, elles produiront des effets différens, suivant leur degré de température et de minéraralisation.

Dans tous les établissemens thermaux, on est souvent obligé, pour remplir toutes les indications, de varier la température et la force des eaux. L'activité décroissante des diverses sources devient à Luxeuil un moyen de graduation extrêmement précieux, que la nature a préparé et que l'on ne trouve nulle part ailleurs que dans cet établissement.

Toutes les fois que l'on aura besoin de réveiller l'énergie vitale, de produire une révolution quelconque dans l'économie, on peut conseiller avec avantage l'usage des eaux thermales. Leur emploi comme bains tempérés produira la détente, l'assouplissement de la peau, calmera les douleurs et s'opposera aux spasmes; tandis que, par les bains chauds, les douches et les bains de vapeur, on réveillera l'énergie vitale de la partie malade et de tous les tissus de l'économie; on excitera les fonctions de la peau, de telle sorte qu'en appelant incessamment, vers le plus vaste émonctoire de l'économie, le sang et les produits morbides qu'il peut contenir, une partie de la cause morbifique se trouvera éliminée. On produit donc en même temps une excitation révulsive et spoliative : car la résolution dans les phlegmasies chroniques n'est en définitive que la résorption interstitielle dans tous les tissus de l'économie. On conçoit alors comment une augmentation anormale dans les sécrétions de la peau, continuée pendant quelque temps, en amenant une déplétion sanguine incessante, affame les organes d'absorption, et favorise la résorption des produits morbides épanchés (1). Il

(1) Voyez Trousseau et Pidoux, Traité de Thérapeutique et de Matière médicale.

faut toutefois faire en sorte de ne pas éveiller les sympathies morbides des autres organes, ou augmenter à l'excès l'irritation du point malade, quoique beaucoup d'exemples prouvent qu'on n'a pu guérir certaines affections chroniques qu'en les faisant passer à l'état aigu. Ce cas mérite toute la sollicitude du médecin; c'est à lui seul à distinguer si le degré d'acuité permet la continuation du traitement, ou s'il faut le combattre par d'autres moyens.

Ainsi les bains tempérés de nos eaux conviendront à toutes les personnes nerveuses, à toutes celles qui sont d'une constitution bilieuse, à tous les malades enfin pour lesquels le calorique deviendrait pernicieux par suite de maladies des organes circulatoires ou de tendance à l'apoplexie.

Les bains chauds au contraire seront beaucoup plus utiles que les bains tempérés, dans tous les cas où il s'agira d'exciter la peau, soit comme moyen révulsif, soit comme moyen spoliatif et dérivatif, soit comme excitant général ou tonique.

Ils seront efficaces dans les différentes affections des muqueuses, dans les rhumatismes chroniques musculaires, fibreux, goutteux, dans les métastases de ces mêmes affections, dans les paralysies indépendantes de congestions cérébrales, dans les névralgies et dans les scrofules.

Les bains froids de peu de durée et la douche écossaise seront employés comme toniques. Le bain frais prolongé agira comme sédatif. Je n'ai point fourni d'observations sur l'emploi de ces deux moyens qui ne font point partie exclusive des propriétés des eaux minérales, et qui sont entre les mains de tous les médecins. Il en est de même du massage, des ventouses, des exutoires et des bains composés. Je n'en crois pas moins à toutes leurs vertus, et je les emploie avec succès dans tous les cas qui m'en paraissent demander l'usage.

L'eau ferrugineuse alcaline de Luxeuil n'a point d'analogue dans les autres établissemens thermaux voisins. Son usage extérieur et intérieur convient dans toutes les maladies qui ne dépendent point de l'exagération de la force organique des différens viscères, ni de la surabondance des principes vitaux, mais au contraire de la diminution plus ou moins sensible de ces ressources de la vie et de la santé.

La saison des eaux ne peut pas être limitée d'une manière absolue, Si le malade prend des bains chauds, il est évident que leur usage trop prolongé réagirait bientôt douloureusement sur la peau, et par suite sur toute l'économie, et qu'il deviendrait ainsi la cause de maladies plus graves que celles que l'on voudrait combattre.

Si au contraire les malades font usage de bains tempérés pour combattre une phlegmasie chronique, leur durée peut être illimitée, car ce genre de stimulation de la peau n'agit que très-lentement. Il faut donc qu'il agisse longtemps pour faire cesser une cause inhérente, qui tend toujours à se régénérer par suite de l'habitude et de la perte de tonicité : c'est pour cela que lorsqu'on est obligé de combattre une semblable affection par les bains tempérés, on est contraint de revenir plusieurs fois aux eaux pour être entièrement guéri.

Dans les affections nerveuses on ne peut non plus limiter le temps des eaux.

Voici cependant en général comme on doit suivre les différens exercices à Luxeuil.

On commence par ordonner quelques bains tempérés, puis on prescrit l'eau en boisson par verres dont on augmente graduellement la quantité jusqu'à six ou huit. Si le malade doit prendre des bains chauds, on les lui fait prendre après le cinquième ou le sixième bain tempéré, puis on arrive aux douches ou à l'étuve, et on s'arrête au vingt-unième bain. Mais je répète encore qu'il ne peut y avoir rien d'absolu dans cette manière de prescrire les eaux, parce que chaque malade à une idiosyncrasie particulière qui demande un traitement particulier : l'eau du Bain des Dames ou celle de la source chaude du Bain-Gradué sont les plus convenables à prendre en boisson, dans le cas où il n'y a pas surexcitation des voies digestives.

L'exercice est un puissant auxiliaire des eaux thermales. Les promenades ramènent l'appétit, favorisent les digestions et rappellent les sécrétions. Mais autant l'exercice est salutaire, autant son abus pourrait devenir nuisible. Lorsqu'on marche difficilement, les promenades à âne, à cheval, en voiture, deviennent très-utiles. Tous ces moyens d'exercice se trouvent très-facilement à Luxeuil.

L'aimable causerie, les plaisirs et les distractions que l'on trouve dans une société choisie font oublier aux malades toutes les peines physiques et morales qui peuvent les accabler, et aident ainsi à ramener l'harmonie des fonctions. Ce moyen sera donc conseillé avec beaucoup d'avantages.

J'ai dit que pour favoriser la résorption des fluides épanchés, il fallait affamer les vaisseaux absorbans par une augmentation anormale des sécrétions de la peau. Il s'ensuit que dans toutes les phlegmasies chroniques, il faut, pendant l'usage des bains, que le malade se tienne à un régime assez sévère, afin que l'absorption ne perde rien de son activité. Du reste le régime alimentaire doit être tonique et fortifiant, à moins que les voies digestives ne soient enflammées.

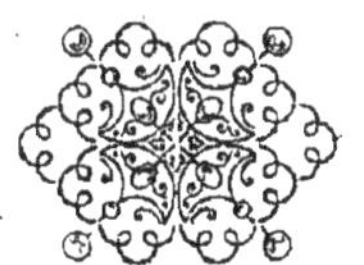

TABLE DES MATIÈRES.

EAU THERMALE ET EAU MINÉRALE.

ANALYSE DES ONZE SOURCES PAR M. BRACONNOT.

DES PROPRIÉTÉS PHYSIQUES ET MÉDICINALES DES EAUX THERMO-MINÉRALES DE LUXEUIL.

MODES D'ADMINISTRATION DES EAUX THERMALES.

ERRATA.

Page 7, 5.e ligne, *lisez* esprit élastique éthéré-minéral.

— 16, à la note, *lisez* dom Grappin, l'abbé Grammasson, etc.

— 20, 14.e ligne, *supprimez* cependant.

— 63, 2.e ligne, *lisez* contient $\frac{1}{55555}$ de son poids, etc.

VESOUL, IMP. DE L. SUCHAUX.

www.ingramcontent.com/pod-product-compliance
Ingram Content Group UK Ltd.
Pitfield, Milton Keynes, MK11 3LW, UK
UKHW020148200726
13856UKWH00003B/902